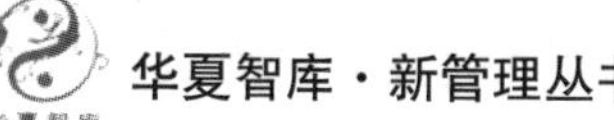

华夏智库·新管理丛书

金牌礼仪课程：不学礼，无以立

肖 珂◎著

经济管理出版社
ECONOMY & MANAGEMENT PUBLISHING HOUSE

图书在版编目（CIP）数据

金牌礼仪课程：不学礼，无以立/肖珂著．—北京：经济管理出版社，2016.6
ISBN 978－7－5096－4438－6

Ⅰ.①金… Ⅱ.①肖… Ⅲ.①礼仪—教材 Ⅳ.①K891.26

中国版本图书馆 CIP 数据核字（2016）第 123889 号

组稿编辑：张　艳
责任编辑：晓　白
责任印制：黄章平

出版发行：经济管理出版社
（北京市海淀区北蜂窝 8 号中雅大厦 A 座 11 层　100038）
网　　址：www. E－mp. com. cn
电　　话：（010）51915602
印　　刷：三河市延风印装有限公司
经　　销：新华书店
开　　本：720mm×1000mm/16
印　　张：13.75
字　　数：189 千字
版　　次：2016 年 8 月第 1 版　2016 年 8 月第 1 次印刷
书　　号：ISBN 978－7－5096－4438－6
定　　价：39.00 元

前　言

自问，我是一个懂得现代礼仪的人吗？

礼仪是衡量一个人综合素质的一个重要方面，尤其是在当今社会。俗话说得好，衣食足而知礼仪！如今，人们的生活水平都提高了，对礼仪的重视也提上了日程。不管是孩子，还是成年人，都加入到了礼仪的培训队伍中。

可是，在接受了一段时间的培训和教育后，人们虽然知道了礼仪的重要性，也知道了一定的方法，可真正能够身体力行的人却少之又少。礼仪培养需要的不仅是教育，还有实践；仅接受培训而忽视了日常行为规划的实践，对于礼仪的培养是无益的。

如今，随着人们生活水平的逐渐提高，越来越多的人走出了国门，求学的、旅游的……可是，很少有人知道，当你出门在外的时候，是否留意了自己的礼仪。在我们身边，很多人因为不懂礼仪，而闹出了很多笑话。

如果问你一个问题：你是一个懂礼仪的人吗？相信，很多人都会呵呵一笑。为什么？因为，很多人知道，自己确实在某些方面做得不好。在多年的培训生涯中，笔者也接触过很多这样的人。人很不错，可就是在某些方面做得不到位，缺少礼仪的教化。

为了给各位学员和读者以帮助，笔者决定编写一本礼仪方面的书，将礼仪的重点囊括其中，对人们的行为进行引导。

相信，读了这本书，你一定会对礼仪有一个更加深入的认识和理解。

目　录

第一章　礼仪的力量超乎你想象

有礼修养成，有仪形象立。上至国家形象，下至个人修养，礼仪的影响无处不在。中国是礼仪之邦，几千年的文明沉淀了享誉中外的礼仪传统。在人与人的交往中，一言一行严克己，一举一动都敬人，这就是文明礼仪风范。在现实生活里，于克己与敬人的张力间，礼仪的力量得以彰显。

讲礼仪之人 PK 不讲礼仪之人

生活中，我们一般都会接触到两种类型的人，一种是讲礼貌的人，一种是没有礼貌的人，即一种是讲礼仪的人，一种是不讲礼仪的人，你觉得哪种人会受人欢迎呢？这里有两个例子：

案例 1

公交车站上，挤满了拿着大包小包的人，只要汽车一进站，人们就会蜂拥而至。待公交车门一打开，人们更是挤成了一锅粥。上车后，抢座的、占座的，大喊声、嬉闹声……

案例2

飞机候车室，世界各地的人都在静静地等待航班。检票口，人们有序地排着队。一个小女孩喝完了手里的酸奶，跑到离她最近的垃圾桶旁边，将酸奶盒扔进去。

相信，在生活中，类似案例中的两个场景，很多人都遇到过。每每看到人们疯狂挤公交车的场景，很多人都会无限感慨："排排队，难道就不行吗？非要挤！"而看到小女孩的动作，很多人也会对孩子的行为表示肯定。

同样是在公共场合，同样都是人，为什么会表现得如此差别之大呢？其实，这就涉及一个关于礼仪的问题了。

不讲礼仪的人，在家里不懂尊老爱幼，不懂待客之道；在公司，喜欢对同事大呼小叫，对领导没有感恩之情；在公共场合，不懂排队，不懂礼让……而讲礼仪的人，在家里则懂得尊老爱幼，懂得待客之道；在公司，能够和同事和谐相处，感恩领导对自己的信任；在公共场合，通常都懂得排队，懂得礼让……

不可否认，讲礼仪和不讲礼仪的差别是非常大的，那么你是想做一个讲礼仪的人，还是想做一个不讲礼仪的人呢？

每个人都喜欢和讲礼仪的人交往

每个人都喜欢跟讲礼仪的人交往，如果对方喜欢欺负弱者、喜欢贬低他人、喜欢占小便宜，相信你也不愿搭理他。

孔子不仅是享誉中外的思想家、教育家，更是儒家礼教的典范。公元前521年春，孔子的徒弟宫敬叔奉命作为鲁国的代表，到都城洛阳去朝拜周天子。孔子认为此行是向当朝守藏史请教“礼制”的天赐良机，于是孔子向鲁昭公请命与宫敬叔一同前往。

孔子到达洛阳的第二天，就整顿好仪容，一个人徒步向守藏史府走去。时任周朝守藏史的正是道家学派创始人——老子。正在府中伏案撰写《道德经》的老子，听说孔丘来拜访他，立马停下了手中的工作，起身整理衣冠，出门相迎。

孔子在门口稍等片刻，就见一位银发苍髯、步履矫健的老人向他走来。孔子料想这位老者定然是老子，于是急忙走上前去，恭恭敬敬地施了一礼。

老子回礼后便带领孔子进了前厅，老子请他坐，孔子再次施礼拜谢后，才端端正正地坐了下来。当老子问及孔子此次拜访的目的时，孔子起身离座，再次向老子施礼，然后才回答：“学生孔丘才疏学浅，对上古‘礼制’知之甚少，此次特地前来登门请教，望老师可以指点一二。”

孔子诚恳的态度让老子很是喜欢，于是便仔细地对孔子讲解了自己对古今礼制的看法。

如今，很多人都觉得古人的礼仪太烦琐，其实这正是体现一个人礼仪的表现。我国自古以来就是礼仪之邦，每个人都喜欢和讲礼仪的人交往，如果忽视了礼仪，会让自己陷入尴尬的境地，或者还会带来巨大的损失。

美国康纳威医疗器械公司，很早就有意向和中国的制造厂商合作。特派员约瑟先生第一次来中国，经过几天的谈判，对合作厂商的范厂长是既钦佩又恼火。

这个范厂长不仅十分了解“大输液管”的生产线行情，还对技术要求相当高。但更棘手的是，他们将价钱压得很低。约瑟从来没有遇到过像范厂长这样的谈判高手。拖延下去对双方都不是好事，约瑟考虑再三做出判断，双方未来的合作前景应该比较好，于是他接受了最终的报价。签约仪式敲定在第二天上午举行。

离太阳下山还有好长一段时间，约瑟在范厂长的盛情邀请下，决定到厂房去看一看。约瑟对井然有序的流水作业很满意，边看还边赞同地点头。忽然，范厂长觉得嗓子不舒服，急忙跑到厂房里一个不起眼的角落里。

约瑟诧异地看到，范厂长在角落里吐了一口痰，接着用脚踩上去蹭了蹭，防滑地板上留下一块不明显的痰渍。约瑟没有作任何思考，转身走出了厂房，范厂长甚至来不及阻拦。

签约的当天，范厂长没有再见到约瑟，他只看到了翻译给他的一封信。约瑟在信上写道："尊敬的范先生，我对您个人的聪明才智非常敬佩，但是看到昨天在厂房的那一幕让我彻夜难眠——你将痰吐在车间的地上。恕我直言，作为厂长，您的个人卫生习惯反映出一种不良的管理素质。更重要的是，我们生产的是医疗器械，这些输液管是用来救命的。贵国不是也有个词语叫'人命关天'吗？如果我们再继续下去，我会遭到上帝惩罚的……"

俗话说得好，一屋不扫，何以扫天下？美国约瑟先生通过厂长对待一口痰的处理方法了解了该厂的工作作风。由此可见，在企业经营过程中，讲究礼仪是多么重要啊！对于领导者来说，更是如此。

讲究礼仪，美好的东西就会向你飞来

俗话说得好，物以类聚，人以群分。礼仪是一种美好的东西，当你讲礼仪的时候，美好的东西也会向你飞来；反之亦然！我国有一个“以礼问路”的故事：

有一个商人开车到广州去出差，在中途的省道上迷了路，他把车停在三岔路口上，决定找个当地人问问。不一会儿，有一个放牛的老人从路旁经过，他急忙跑过去拉住老人：“喂，老头！哪条路是往广州方向去的？还有几公里可以上高速啊？”

老人一抬眼，一看是个 30 多岁的小伙子，没有马上回答。商人不耐烦了：“喂！你听见没？我问你话呢！”老头不再抬头，缓缓地说：“左边那条路，要上高速，还有六七千丈远的路程。”

商人觉得很奇怪：“哎，老头，你们这个地方还论丈呀？真是够落后的，我们都是论里的。”老人却回答说：“我们这里从来都讲礼（里），只不过外面不讲礼（里）的人来得太多，从此也就都不讲礼（里）了！”

这个故事是对不讲礼貌的人的嘲讽，说明中华民族具有讲文明礼貌的传统美德。俗话说得好，己所不欲勿施于人。既然自己都觉得这样说不礼貌，为何还要如此对他人。

明太祖朱元璋的发小知道他做了皇帝，个个都美慕不已。有一个胆大的，一天来到皇宫请求面圣。朱元璋也想见见这个老朋友，便让人传了，但心里还是打鼓，万一被说出些什么不光彩的事可怎么办？

那个人进殿之后立刻跪下，一边高呼万岁一边伏地行大礼，接着激动地说：“我主万岁，当年微臣随驾扫荡庐州府，打破罐州城。汤元帅在逃，拿住豆将军。红孩子当关，多亏菜将军。”朱元璋听了这番话非常高兴，给这位老朋友很多封赏。

另一个朋友听说了这个消息也来到皇宫，在大殿上手舞足蹈地说：“万岁，你应该还记得吧。咱们给人放牛的时候，一次我们把从芦苇荡里偷的豆子煮着吃，那瓦罐煮了好长时间，大家等不及就开始抢着吃，结果罐子摔破了，豆子也撒了一地，汤也洒到泥地里。你抢着吃地上的豆子，结果让一根红草根卡住了喉咙，是我叫你吃青菜，才终于把它带到肚子里的。”

文武百官全都听见了，朱元璋感到无地自容、哭笑不得，最终这个人还是被斩了。

看过这个例子，你是否已经知道了，懂礼仪和不懂礼仪之间的区别了？你怎样对别人，别人也会怎样对待你！如果想让他人礼貌待你，首先就要对别人讲礼仪。

不懂礼仪，你怎么还能成熟起来？

很多人在评价另一个人的时候会说：“这人怎么还如此幼稚”，“快 40 岁的人了，说话办事还像个孩子。”很多时候，当一个人的行为不合礼仪的时候，人们也会说他“挺幼稚”。因此，如果想让自己显得成熟一些，就要加强礼仪的培养。

2015 年国庆节的时候，二姨带着自己的大儿子来到我家，我们便在外面的餐厅要了个包间。菜一道道上来，每上一道菜，表哥都会第一个夹菜。二姨也总是说：“随便吃吧，都是自家人，不用那么客气！”我看到心里很不舒服。表哥比我大三岁，孩子都上初中了，怎么连这点礼仪都不懂。

不可否认，如果遇上这样的亲戚，相信人们一般都会不感冒。既然已经是成年人，就要说话办事像个成年人，尤其是在吃饭的时候，有长辈在场，更要先尊敬长辈。

小李是某公司的招商顾问，经常会参加很多档次比较高的商务活动。在他的认识里，男士出席这种场合，只要穿着整洁的西装领带，把皮鞋擦亮就OK了。但没想到，自认为是商场社交老手的小李，也会出现意想不到的尴尬。

最让小李难忘的是“袜子”带来的教训。那次，小李陪公司高管参加一个国际性的商务座谈会。小李凭借英语优势，被安排在领导身边作翻译。

整个过程小李都应付自如，工作进行得颇为顺利，现场气氛也十分融洽。这时小李就开始有点小得意，不自觉地跷起二郎腿。就在这时，旁边同事小声提醒他：“袜子穿太短了，不能露出小腿的。”这句话顿时让小李羞红了脸，自觉地收回了腿。

经过这次教训，小李专门请教了公司的秘书。他后来知道，在商务场合，男士露出小腿等于女士的走光，即使是天冷的时候，里面穿的保暖裤也不能露出来。后来小李经过反复观察，几乎所有成熟的商界和政界人士，从来都不会露出小腿，比如奥巴马出席任何重要场合穿的都是高筒袜。

不管是在家里，还是在职场中，抑或是在公共场合，忽视了礼仪，都会让人瞧不起，说你“幼稚”，还是不错的；如果朋友嘴巴不饶人，说句难听的，你就更接受不了了。与其这样，倒不如让自己懂点礼仪。

只讲“仪”，不讲“礼”，让人怎么尊重你

如今，很多人都非常在意自己的外表，尤其女孩子更是如此。每次出门前，都要在镜子边折腾上半天。可是，仅仅有了好的“仪表”，不懂礼仪也会让自己黯然失色。

看到上班的时间快要到了，小李急忙抓起花生袋便出了门。干得好，不如赶得巧，小李一到公交车站，公交车就来了。上车之后，小李看看时间，刚7：20，迟到不了！

小李将耳机塞到耳朵里，之后便打开花生袋，开始吃花生了。很快，在她的脚底下，便撒满了花生皮。

这时候，售票员递给她一个食品袋，显然，人家是让她将花生皮装进口袋。可是，小李却将自己的花生装入了这个袋子，之后又开始听自己的音乐了。

公交车很快到站，小李匆匆下车。人们陆陆续续上车，最后上来一个中年妇女，看了看这个座位，说：“谁啊，怎么缺德，满地的花生皮？”

不可否认，像小李这种行为，肯定会招致人们的不满。公共场合，不管你长得多么漂亮，不管你穿得多么时尚，如果缺少应有的礼仪，也会遭到人们的不满和谩骂。

礼仪是一个人思想的再现，如果不想让他人说你没素质、不懂礼仪，就要多注意，不仅要注意自己的脸面，还要注意自己的礼仪。

居住在贵阳的常先生，跟朋友约好周末到青岩古镇去玩。下午2点钟左

右，常先生因为不熟悉路，没有到达指定地点，而是把车开到了定广门。

常先生很着急，就跑到南街，看见一个老汉坐在一家商店的椅子上，于是大步走上去，拍着桌子嚷道："喂，东门离这里还有多远？"老汉没作声，瞟了他一眼就是不搭理。常先生也有些急了："哎老头，快告诉我，东门该怎么走？"

这回老汉终于站了起来，手指了一个方向说："朝这个方向走3公里。"常先生没细问，马上开车前往，结果走了快4公里了，还是没有见到景区的影子，周围全是农田和大山。这时朋友打电话过来，他一问才知道，从定广门到东门，也就500米左右，走路也不过一刻钟。

常先生很恼火，返回去要找老汉理论，为什么要骗人！谁想到老汉不仅没有道歉，反而慢条斯理地说："小伙子，你有求于人还那么嚣张跋扈，连礼貌都不讲，你也怪不得我瞎指路。"常先生自知理亏，最后也只能悻悻而去。

这个故事再一次提醒我们，不管在任何时候，都要懂礼仪！否则，你不尊重别人，别人自然也就不会尊重你。

不懂礼仪，会让你错失许多好机会

很多时候，我们都说，机会属于有准备的人。其实，从礼仪上说，机会也属于讲礼仪的人。

第一次参加公司酒会的张华，特别挑选了一件粉红色的短袖上衣，搭配了一条浅蓝色的七分裤，同时穿着一双造型时尚的凉鞋，还配了一款精致的手包。漂亮的装扮搭配貌美的面容，在酒会上吸引了很多人的注意。

张华作为新员工代表上台发言时，台下的同事把掌声都献给了她精练诙谐的演讲。但唯独公关经理一脸不悦。原来经理本来打算重点培养张华，让她成为公关部的主要代表，结果她今天的造型让人大失所望，最终经理还是放弃了最初的决定。

像七分裤这样的服饰属于休闲装一类，它不是酒会这样正式场合中应该出现的穿着。一条普通的七分裤，就能把一个人的素养展现出来，一个人是不是有很高的礼仪文化修养，能否在合适的场合穿合适的衣服也是很关键的。像张华这样，因为一条裤子而失去发展的机会，多么让人遗憾啊！

小张应聘到一家外企，外形较好、成绩突出的她，顺利进入最后的面试阶段。为了能够一举拿下这个总经理助理的位置，她在穿着上下了很大的功夫。时尚前卫的外衣，搭配各种造型的手链、戒指、项链和耳钉，甚至还有造型别致的胸针。从她身边走过的人都忍不住要回头张望。

来到面试地点，小张发现另外两个人都相貌平平，学历也都没她高，她觉得这回是势在必得。但结果这家外企并没有聘用她，小张很不服气，面试经理告诉她："你的外形很好，但你的穿着实在和我们公司的形象不符，和你应聘的助理身份也不符，所以我觉得你并不适合这里，抱歉。"

小张的例子给我们每个人都提了醒，首饰是着装的附属搭配，不能喧宾夺主，首饰佩戴得越多，就越是画蛇添足，而且"全副武装"会让人觉得你很俗气。首饰的魅力和功能在于，它可以提示、浓缩或扩展你的整体着装效果。不懂得着装的礼仪，会让你失去很多好机会。

第二章　用外貌妆容彰显个人的教养——仪表礼仪

生活中人们的仪表非常重要，它反映出一个人的精神状态和礼仪素养，是人们交往中的“第一形象”。天生丽质，风仪秀整的人毕竟是少数，然而我们却可以靠化妆修饰、发式造型、着装佩饰等手段，弥补和掩盖在容貌、形体等方面的不足，并在视觉上把自身较美的方面展露、衬托和强调出来，使形象得以美化。

即使长相普通，也要干净整洁

如果这里有两个人，一个长得不错，但邋邋遢遢；一个长相普通，但干净整洁，你愿意和哪个人交往？相信，大多数人都会选择后者。

与人交往，相貌会给人以第一感觉，虽然人们都喜欢看美女和帅哥，可是如果长相靓丽却脏兮兮的，或者胡子拉碴，相信，人们也不会愿意和你交往。而一个懂得礼仪的人，即使自己长得普通，也会让自己保持干净整洁。

李海大学毕业后到上海工作，可是他应聘了很多工作，都没有成功，最后只好做了一名快递员。快递员是一份比较辛苦的工作，几个月之后，李海的脸色就明显变黑了。由于每天都风里来雨里去，刚穿上衣服就会被弄脏。可是，李海每天下班后的第一件事就是洗衣服，第二天都可以穿着干净的衣服上班。

有个同事跟他的关系不错，说："每天都这样，不用这么勤换衣服，老得洗，多麻烦！"可是，李海却回答说："穿着干净，可以给人清爽的感觉，客户也愿意和你接触。整天脏兮兮的，客户见了我们，就会躲得远远的。"

在很多场合，最受欢迎的一定是容貌清爽干净的人。社会生活就是人和人交往的生活，出色的现代人必须要了解礼仪知识和礼仪技巧。

个人礼仪中，最基本的一项是仪容礼仪。简单地说，仪容就是人的容貌，但不仅仅包括面容，头发、手掌、手臂都是仪容的一部分。干净、整洁、修毛、修饰，这是仪容礼仪涉及的基本规则。

1. 干净

干净，是我们讲求礼仪的最基本原则。试想，如果一个人连脸都脏兮兮的，身上还有异味，有谁会愿意靠近他呢？要保持仪容的干净，必须从以下几点做起：

（1）勤洗澡。洗澡不仅为了个人清洁，更是为了创造一个良好的社交环境。凡是参加大型社交活动之前，洗澡是必需的。我们应该保持每天洗澡的习惯，不能让身上总带着汗味、烟味和酒气。即使条件不允许，至少 3 天洗一次澡还是必要的。干净的身体不但可以使人精神焕发，还可以在社交中增加自信，给对方留下一个非常良好的印象。

（2）勤洗头。中国有句古话：远看头，近看脚。头发是较为明显的个人象征，在社交公关活动中，头发的任何细节都会影响个人印象。头发要保持整洁、清爽、柔顺，还不能有头屑、异味。一般干性头发 3 ~ 5 天可以洗一次，油性头发就要 1 ~ 2 天洗一次。

（3）勤洗脸。人们在公共场合最容易见到的就是对方的“脸”，尤其是正式的社交场合。在出席活动之前，应该仔细认真地清洁面部，保证面部无泪痕、无汗渍、无灰尘；还有口角、耳朵、眼角、鼻孔等细微地方也要清理干净。如果面部油脂分泌旺盛，还要在活动期间准备好面巾纸等及时清洁油脂。

（4）勤洗手。在社交活动中，手是很重要的“社交工具”。大部分场合人们见面都要用“握手礼”，商务人士之间递送名片也会用到手，任何人都希望接触到一双干净、无汗、无异味的手。另外，指甲不能留得太长，最好与指尖齐平，而且指甲内部也要干净、整洁、无污垢，两侧无死皮。

（5）勤刷牙。语言是人与人交流时必不可少的，所以我们的口腔也必须保持卫生，避免将口气也随言语带给对方。要保持口气清新，除了日常一天两次的刷牙之外，参加社交活动之前，最好也刷一刷牙，没有条件也可以嚼一嚼口香糖；同时，拒绝一切气味强烈的食物，比如韭菜、大蒜等。

2. 保持基本的整洁

除了干净这个最基本的要求外，整洁的仪容也很重要。太邋遢的人在任何场合都会被别人讨厌。最明显的就是头发，在保持头发清爽、干净的同时，头发也应该修剪到合适的长度。

另外还有男士的胡须，一般没有宗教信仰的人，胡须最好不要留得太长，特别是比较年轻的男士，不然对方会觉得你不尊重他。胡须应该每天都刮，这样既表示对别人的尊重，也会为自己增添自信。

3. 善于修饰自己的毛发

人体有些毛发有可能会外露，尤其是夏天。但在公共场合，特别是正式的社交场合，多余的毛发是必须要遮盖的，比如鼻毛、腿毛和小臂上的毛发，要尽量修剪或遮掩。还有汗毛过长的，要注意修剪和清洗，避免出现异味。

4. 得体的整理

合理得体的整理和修饰是我们在社交场合中必须要注意的。出席任何社交活动之前，为了给别人留下一个好的印象，仪容的整理和修饰必不可少。但要注意的是，像清理鼻孔、梳理头发、整理衣裤这样的举动，不能在公共场合出现，只能到洗手间等远离公共视线的地方进行。

最得体的妆容会让你变成“美女”或“帅男”

化妆首先是一种积极的生活态度，是热爱生活的表现。从公共礼仪的角度讲也是尊重他人的表现。化妆是有技巧的，在商务礼仪中，化妆讲求的是得体、大方、庄重。如果化妆不适当，会让您与对方之间产生疏远感，甚至是排斥感。

很多商店的销售工作都要求女销售员带妆上岗，销售员的妆容不仅代表个人，更关系着商家的形象，如果妆容不当，很可能会导致交易的失败。

玛丽皇后锅具为了吸引更多消费者，在某小区举办了一场别开生面的“钢锅宴”的主题聚会活动。王太太对这次活动很感兴趣，还叫上家人一起参加。

王太太一家来到活动现场，销售员莉莉热情地上前接待，本来挺高兴的王太太突然被吓了一跳。原来眼前的这个小姑娘，看起来年纪不大，却化了一个大浓妆，显得很不自然。王太太向里面看，几乎每个销售员都是这样，顿时有种走错地方的感觉，就连本来很正常的互动环节都让人觉得不自在。

最后，王太太实在是待不下去了，连一心期待的宴会美味都觉得没胃口，匆匆找了个理由就离开了活动现场。不只王太太一个人，很多参加活动的顾客都纷纷离场。

不合场合的妆容，不但会让顾客感觉你不尊重他，更严重的是会影响销售结果。对于销售员莉莉来说，一个潜在的顾客就这样消失了。所以，女销售员学习基本的化妆礼仪是一件非常重要的事情！

白天和夜晚的妆容要区分开，而且，化妆时要懂得扬长避短，要根据自己的职业特点来选择合适的妆容。

行业不同，化妆的要求也不同。一般来说，化妆的要求有以下几点。

1. 妆容要自然大方

工作时的淡妆讲究的是自然大方，没有明显的化妆痕迹，最好是给人一种“天然去雕饰”的感觉。这种自然的妆容不仅能够衬托出你的气质，不张扬、不浮华，而且还能够让你看起来精神百倍、自信满怀。

2. 妆容不要标新立异

很多年轻人总是喜欢标新立异，在化妆上也不例外。但是这种不符合大众审美的妆容，很多时候只会起到相反的作用，也会让你看起来格格不入，对销售工作产生不利影响。

3. 妆容一定要协调

妆容的协调主要表现在两方面：与自己的穿衣打扮整体上要协调，例如使唇彩和衬衫或者丝巾的颜色一致；与周围环境相协调。

不过，关于化妆还需要提醒大家注意以下问题：化妆的时候一定要避开他人；如果你在工作岗位上化妆，会给人工作不认真、用心不专的感觉，而且在公共场所修饰面容也是一种失礼的行为。

不同的场合，打造不同的发型

发型不只体现一个人的审美，它更体现一种礼仪风貌。选择发型也要看场合。

1. 发型要符合性别

现代男士在日常生活里也喜欢留一些新潮的发型。但从事商务工作的男士就要尽量避免留过长的头发，发型也不能过于新潮，如果不是特殊情况，光头也是不要留的。对于身在职场的女士们来说，头发的长短虽然没有限制，但发型的选择也应该大方得体，不要太过张扬和奇特。另外，不论男女，最好不要把头发染成过于扎眼的颜色。

2. 发型要符合年龄

年轻人要选择比较清爽干练的发型，留长发的女士可以扎马尾、盘发；短发可以简单地做个内扣或纹理，总体要给人大方、整洁、别致的感觉。年长者可以将长发盘起，或是给短发烫出大花，总体要形成成熟、端庄、简约、稳重的形象。

不同的性格气质，适合的发型也是不同的：

（1）内向性格，比较害羞，不善言谈的人——适合自然翻式发型。

（2）性格比较开朗，为人处世潇洒不羁的人——适合波浪式长发。

（3）活泼可爱、天真烂漫的人——适合童花式长发。

（4）待人接物很温柔，偏向文静的人——适合曲直长发。

（5）有些像男孩子，性格豪爽的女性——适合短发。

3. 发型要符合身材

不同的身体，适合不同的发型，因此要根据自己的身材来选择合适的发型。

（1）身材矮小。小个子的人总会让人觉得小巧玲珑，所以选择的发型，应该对强调丰满和精致魅力有一定作用。这类人应该选择秀气、精致的发型，切忌粗犷、蓬松，不然会产生头大身小失调的形体比例；过长的发型也不宜留，会使整个人显得更加短小。如果选择烫发，要用比较小巧、精致的花型，尽量将发区分得多一些。

（2）身材高瘦。身形高且瘦的人，给人感觉很单薄、不饱满，尤其会显得头很小。要利用发型弥补不足，就不能让头发紧贴头皮，但也不能随便搞一个“爆炸头”，看起来会头重脚轻。通常这种身形的人，长直发是比较适合的。头发长度到下巴与锁骨之间，不要削得过短过薄，也不要将发髻盘得太高。关键是要使头发看起来厚实、有分量。

（3）身材矮胖。身材矮胖的人会显得更健康，选择发型就要把这种健康美体现出来，整体最好能够有动感。同时，发型也应该能弥补体型缺陷，像有一定层次的短发，或者在前额处翻翘的发型等，但要避免过于蓬松。因为这类身材的人脖子通常都会显短，所以长直发、大波浪都不适合，发型应该整体向上发展，把脖颈露出来，借此增加身体的高度感。

（4）身材高大。身材高大的人展现出来的是力量美，相对的，女性的纤细感就会欠缺。因此，选择发型应往健康、洒脱方向发展，以削减高大的粗犷感。具体来说，简单的短直发、大波浪就可以；中短发、长直发、盘发、束发也可以根据个人情况选择。花样繁复、太过蓬松的发型最好不要。总之，适合这类身材人的发型，就是线条简洁、流畅的发型。

4. 发型要符合职业类型

不同的职业类型，也是需要不同发型的，具体来说规则如下。

（1）体育爱好者、职业运动员。经常运动的人，宜留短发，纹理线条越简单、自然、流畅越好，主要是为了方便梳理。经常露天作业的工人、农民也可以留这种发型。

（2）需要戴帽工作的人。这类工作要求戴帽时不能影响整体形象，摘帽后又能保持优雅。所以，像中长发、短发这样，简洁美观的发型最佳。适合这类发型的有商业服务员、医务工作者等。

（3）文艺工作者。文艺工作者没有特定的工作场所，所以发型选择上更趋向个人意愿，凡是能够突出文艺气息、样式新颖，能够突出个性的都可以。

（4）接待服务人员。无论是饭店、公司还是负责外贸接待的工作人员，面对的都是社会群体，代表是集体的形象。因此，发型一定要整洁美观，在符合个人条件的前提下，既要体现民族特点，又要体现时代气息，要给人留下健康、礼貌的印象。商场营业员、导游都可以参照这一类型选择发型。

（5）教师、公务员。从事教师和公务员工作的人，发型要求朴实大方、优美端庄，纹理线条要尽量简单、自然。

除此之外，发型的选择还要符合相应的场合。

男性蓄须要与自己的形象和职业相吻合

中国古代的儒家思想教育人们：身体发肤受之父母。女子的头发、男子的胡子是不能随意修剪的，因此也就有了“美髯公”这样的美誉。能成为“美髯公”的男子，不仅要相貌出众，关键是胡须要蓄得好、修饰得好。不只是中国，古代西方也流行蓄胡，据传说从亚当开始就有蓄胡的习惯了。

随着人类审美观的改变，近代以来，胡子已经不再是西方贵族最看重的，它也不再是男性美的唯一代表，人们开始用剃须刀来刮胡子，甚至在理发的时候也要顺便刮刮胡子，大多数人认为没有胡子是“体面”的。

周军是位体育老师，平时好玩好动，而且还比较时尚。后来，看到很多人都留了胡须，他便也将胡须留了起来。可是，到学校之后，就被叫到了校长办公室，理由是：胡须不能太长。

周军不以为意，依然没有将胡须剃除。最后，校长下了命令：如果不将胡须剃除掉，扣罚本月工资！

周军没有办法，只好将长长的胡须剃去。

不可否认，对于老师来说，是不能留长胡须的。老师要教育学生，是学生学习效仿的榜样，如果孩子们都跟着老师留胡须，问题就严重了。

现在，在人们的普遍意识里，“刮胡子”被认为是礼貌和教养的象征，它代表了一种社会地位；胡子拉碴的人，通常被认为是穷困潦倒、没有教养的人。

男性不同于女性，个人的性格和魅力无法靠繁复多样的着装体现。所以男人的魅力大多来源于自身的气质，其中胡子就是一个很好的传达者。因此，胡子的造型也不能马虎，蓄好了就是个人魅力，蓄错了可就“雷人”了。针对不同的脸形，不同的胡型会产生截然不同的效果。根据下面的指南，看看你适合哪种胡型?

1. 硬朗利落——圆脸 + H 胡

H 胡也是“工”字胡，这是一种常见的胡型，上唇的胡须和下巴上的胡须，基本呈一种平行的状态，中间留有胡子，整体呈现躺倒的 H 形。这种胡型的特点就是精致利落，对整个脸部比例有很好的调节作用，更可以帮助圆脸的男士，打造硬朗的脸部线条。

这种胡型相对比较好打造，在修剪的时候，注意好上下胡之间的平行关系，尽可能地保持胡须长短一致。此外，稍短的发型和这种胡型搭配最好，可以形成上下呼应，看起来更加帅气。

2. 突出个性——瓜子脸 + 山羊胡

山羊胡会将视线主要放在下巴上，所以会对脸形产生一定的拉长效果，脸部比较短的瓜子形脸正好可以用此来弥补缺陷。这一类型的胡子，会让男士显得更加犀利，而且个性十足。

修剪山羊胡，关键是要留好下巴处的胡须，长度要合适，过长会给人衰老、邋遢之感，脸颊两侧最好也不要留太多胡楂，不然会冲淡山羊胡的效果，上唇的胡须可留可不留。

3. 原始野性——长/方脸＋络腮胡

络腮胡有很好的收敛效果，对于方脸和长脸的男士最适合，它可以将下颚两侧硬朗的脸部线条柔化，同时给男士带来一种野性的魅力，凸显成熟气质。

想要蓄络腮胡，毛发量必须要丰富，蓄须时间一般要半个月以上。当胡须长到适宜的长度和毛发量之后，大致梳理一个轮廓，将周围多余的胡须剃掉，调整合适的长度即可。络腮胡重在修剪，不能乱刮，唇上和耳侧的胡须必须短，胡须主要集中在下巴。注意络腮胡不可留得过长，不然会显得非常邋遢。

夏天男性在公共场所最好不要赤膊

夏天让很多喜欢凉爽的男士都受不了，于是在广场、街道、公园、餐馆等很多公共场所，都能见到他们“打赤膊”的身影。在小区公园、社区楼道里更是不经意就会遇到，让人来不及躲避。

小李非常怕热，一到夏天，就会赤膊上阵。尤其是每天吃完晚饭后，小李都会光着膀子在小区里转悠。遇到熟人，小李也会和对方调侃一番。

这天，小李又走了出来。看到几个老人正坐在一起下象棋，也想上去玩几把。可是，这时候，一个老人却说话了："年轻人，先回去将衣服穿上，然后再来玩。"

小李呵呵一笑说："这样凉快！"可是，老人却不由分说地将其推开了："小区里这么多女人和孩子，你这样光着膀子，多不像话！"

小李意识到自己的问题，急忙回去穿上了背心。从那以后，他再也不敢光着膀子在小区里转悠了。

男性赤膊走在街道上，虽然自己觉得很舒服，但非常"影响市容"，有碍大众观瞻。既对公共环境造成不良影响，也对自己的个人形象造成不好印象；男性在拜访他人的时候赤膊，是对对方的极不尊重，对方会产生受轻视的感觉；在会场、剧院等环境氛围比较严肃的场合，男性赤膊表现出他散漫的心态，同时也是对他人的不敬。

星期天，周敏到同学家玩，同学的男朋友正好也在。或许，是由于天气太热了，同学的男朋友光着膀子，而且即使周敏进了屋，也没有将背心穿上。周敏觉得浑身不自在，没待几分钟，便离开了。

由此可见，光着膀子是对别人的不尊重，只要是公共场所，无论夏天环境有多热，都不能在众人面前打赤膊。

夏天，在家接待到访客人的男性，上身至少要穿一件合适的背心。

夏天，可以在出门前准备一些较薄衣服随时替换，但一定要穿上衣出门。

夏天，在工作场所或一些严肃的公共场所时，一定要穿上得体的外衣。

香水好闻，但不能乱喷

由可可·香奈儿引领的香水风潮，让所有女性和男性为之疯狂，在她看来，女人不用香水是没有未来的。香水的魅力在于，它能通过多种多样的香气，瞬间赋予女人各种各样的气质，那不经意的味道，就能让你的魅力直线上升。

可是，面对种类繁多的香水，和妆容一样，只有分清香水适用的场合，才能发挥事半功倍的效果，否则就会弄巧成拙。

公交车停站后，陆陆续续上来几个人。一个女孩在小王的前面坐下，女孩画着浓妆，看不出具体年龄，身上的香味迅速弥漫了整个车厢。

小李知道，女孩喷香水了。可是，这种香水的味道太冲，小李实在无法忍受，便站起来躲到了后面的车厢。渐渐地，小李发现，女孩周围的人都陆续离开了。

不难想象，肯定是女孩的香水味惹恼了人们。喷香水固然不错，但你不能用自己的香味来“祸害”别人。像衣服一样，女人想要性感、清新、典雅、奔放，香水都可以满足，甚至可以将内在的嫣然与妩媚也淋漓尽致地展现出来，可是一定要使用适合自己的，也不能乱用。

香水是每个女人都必不可少的，那什么样的香水才最适合自己？要怎样才能更好地使用香水？什么场合该用哪种香水？这些问题都可以在下面这 10 条香水礼仪中找到答案。

1. 春夏清淡，秋冬浓烈

气味清淡的香水比较适合春夏季节，尤其是夏天，汗液分泌较多，太浓的味道会和汗味混合，造成反效果。像海洋气息、柑橘味，这类清新的香水类型就比较合适，不仅可以带来清香，也可以提神醒脑。

秋天天气凉爽，带有果香和植物香味的香水比较好，比如，肉桂、雪松味等；冬天可以用一些浓烈的味道，像檀香、天竺薄荷这样“重口味”的香水，会给寒冷的冬天带来温暖醇厚的感觉。

2. 手臂外侧和脖颈处是最佳部位

大多数人都喜欢将香水喷在手腕的内侧，但事实上，人在活动的时候这个部位会和很多东西接触，反而减弱了香水的作用，手臂外侧其实才是更合适的部位。相对于手腕内侧，手臂外侧的 pH 相对稳定，香水的原始气味可以达到最佳呈现，而且手臂上的汗腺更有助于香水味道的延时和扩散。

另外，有些人喜欢在耳后喷香水，如果此处油脂分泌旺盛最好不要喷。也可以在佩戴珠宝之前，在脖颈处喷洒香水，头发上也可以顺便喷一些。

3. 香水的正确喷法

我们一定在很多影视作品中看到，女主角轻轻穿过香水雨，自然就带走了迷人的香气。没错，香水的正确喷法，就是先喷在空中，然后从中穿行而过，这样既可以让香水均匀地洒在身上，又可以避免气味过于浓烈。

4. 出汗部位不要喷

香水不同于止汗露，后者针对汗液有专门的止汗配方，但是香水是没有这样的功能的，而且一旦和汗水混合，形成的味道反而会让人十分反感，所以千万不要在身体容易出汗的部位喷洒香水，尤其是在腋下。

5. 清除过身体异味后再喷香水

在喷香水之前，要保持身体干净，不能有其他异味，最好是在沐浴之后再喷，这样香水的味道就能得到更纯粹的还原。

6. 要随身携带小样香水

不同香型和浓度的香水，持续时长都是不一样的，所以平时要在身上带一些香水的小样，瓶子要选择有喷头和密封性较好的，这样就可以随时补香。

7. 上班和聚会，香水要不同

通常情况下，淡香水比较适合工作场合，夜晚参加聚会派对什么的，就可以用味道较浓的香水。但是要特别注意，有长辈参加的聚会，香水就不能太过浓烈，用量也不宜太多，花果香是比较好的选择。如果是大型宴会，把香水喷在腰部以下的位置才是基本的礼仪要求，而且味道要淡雅，不然会影响餐饮进食。

8. 香水不是任何场合都可以用

有些人不喜欢医院的消毒水味，于是在探望病人的时候也要喷香水，这是不符合礼仪的。另外还有面试、会议、婚礼、葬礼等场合，香水的选择一定要慎重，味道太过浓烈肯定是不行的。特别需要注意的是，参加品酒会也是不允许喷香水的，因为品酒也是要品鉴酒香，如果有香水味掺入，就会对酒品的欣赏和判断产生影响。

9. 清水和湿毛巾可以帮助处理多余香水

有时不小心喷了太多香水，用清水反复冲洗，或者用打湿的毛巾反复擦拭就可以，要是有条件，最好通过沐浴来减轻味道。这种情况最好尽量避免，不然处理起来也会很麻烦，每天可以在固定的部位喷相同的量，最主要的是自己舒适为宜。

10. 阴凉干燥好保存

香水质量较好的话，一般可以保存 3 ~5 年不等，一定要放在阴凉干燥的地方，避免阳光直射，减少香水的挥发和化学变质情况的发生。

第三章 人的礼仪素养都在举手投足间——仪态礼仪

人们的面部表情，体态变化，行、走、站、立、举手投足都可以表达思想感情。仪态是表现一个人涵养的一面镜子，也是构成一个人外在美的主要因素。不同的仪态显示人们不同的精神状态和文化修养，传递不同的信息，因此仪态又被称为体态语。

修长挺拔的站姿总能给人无限遐想

整天佝偻着腰，即使个子很高，也不会受到大家的青睐。只有站如松，才能受到人们的肯定。

案例 1

李冰身高 180 厘米，平时酷爱打球，上学的时候就是校篮球队队员。上班之后，李冰会在工作之余打打球。为了活跃员工的文化生活，公司每过半个月都会组织一场篮球比赛，李冰的爱好得到了发挥，受到了很多女同事的青睐。李冰身材修长，站在那里挺拔如树，靠着身高的优势，观看篮球的同事一眼便能够在人群中找到他。

案例 2

李霞是个个子高挑的姑娘，身高 170 厘米，可是这样的身高也为她带来了烦恼。上学的时候，李霞总被安排在后座；和同学说话的时候，总得弯腰、低头，为了显示和同学的“平等”，李霞站在那里的时候总是弯着腰，时间长了，也就养成了习惯。妈妈说过她好几次，可是她依然如故。

站姿是生活的静态动作造型，如果想将个人的优雅气质和风度衬托出来，体现不同的质感美、动态美，就要重视自己的站姿。

1. 标准站姿的掌握要领

（1）身体舒展直立，重心线穿过脊柱后落在两腿之间，足弓微偏前，且尽力上顶。

（2）精神焕发，微笑，使双目平视，目光温和有神，亲切自然。

（3）颈部伸展，头往上提，下巴略微收回。

（4）收腹挺胸，略微收臀。

（5）双肩后张下垂，手臂在裤缝两边垂立，手指呈自然弯曲，或者双手随意交叉相握于身前。

（6）收紧双腿，膝部放松。女性在站立时，脚跟靠拢，脚尖分开呈 45° V 字形；若男性在站立时，双脚也可略微分开，但不能超过肩宽。

（7）站累时，脚后撤半步，身体重心移到后脚，同时上身保持直立。

因为日常活动的各种需要，还可采取其他一些站姿。这些姿势的区别是，大多通过手和腿脚的动作配合体现出来。比如：女性独自在公众面前亮相时，两脚分立呈丁字形，尤其显得优美、苗条。但要站姿美观端庄，一定要以标准站姿为要领，再与具体环境相配合。

2. 训练方法

如何才能练成标准的站姿呢？通常可以采用下面的训练方法。

（1）五点贴墙法：靠墙而立，依次使身体各点贴着墙壁，以此训练全身的控制能力。

（2）双腿夹纸法：站立时在大腿间夹一张纸，纸不能松不能掉，以此训练腿部的控制能力。

（3）头上顶书法：按要领站立好后，头上顶一本书，尽量使书在头上保持平稳，以此训练头部的控制能力。

（4）效果检测法：随意摆动身体后，迅速回立标准站姿，按此多次练习，直至站姿标准。

落座时，保持坐姿的正确很重要

坐姿是一种可以长久维持的工作姿势，也是人们主要的休息姿势，更是社交、娱乐等活动中的主要姿势，要维持健康的身体素质，塑造沉着、稳重、优雅、大方的个人形象，良好的坐姿非常重要。

孙冰是个售楼员，每次客户来售楼处咨询的时候，他都会主动迎上去，认真为其解答。当客户坐下来的时候，他也会陪客户坐在对面。

这天，一个同学来到了售楼部，说自己也想买套房，孙冰热情接待了他。沟通的过程中，同学问孙冰，平时是不是就这样和客户坐着聊天。孙冰说，是！

同学接着说："你坐着的时候，怎么总是叉开着两条腿。这样，是非常不礼貌的。可以合上，也可以稍微叉开一点，像你这样，肆无忌惮地全部打开，会让人觉得很不舒服。"

孙冰知道了自己的问题，慢慢改正过来。

不可否认，当你和一个人说话的时候，如果对方叉开着双腿，你也会感到不舒服。只有正确的坐姿，才能给人留下深刻的好印象。

1. 标准坐姿要领

标准的坐姿符合以下几个原则：

（1）精神焕发，目光温和注视前方或者交谈对象。

（2）身体舒展，重心垂直向下或略微前倾，挺直腰背，落座时臀部占椅面的2/3。

（3）双脚并齐，双膝靠拢，也可略微分开。

（4）两手自然垂放于腿或椅子的扶手上。

除基本坐姿外，也可形成其他优美坐姿，但要依靠双腿位置的变换。例如，双腿平行斜放，两脚前后相掖，或两脚呈小八字形等，这些坐姿都能给人舒适优雅的感觉。若要架腿，最好后于别人交叠双腿，女性非必要不架腿。不管什么坐姿，都要挺直腰背。

2. 坐姿训练

如果想培养标准的坐姿，也是需要训练的，具体步骤如下所示：

（1）一般从椅子后面入座。若椅子左右两侧都空着，则应从左侧走到椅前。

（2）所有入座方式都应先在距离椅前半步远的位置站定，再右脚向后微退半步，用小腿触椅确定入座位置。

（3）女性着裙装入座时，为显端庄优雅，理应双手将后片向前拢一下。

（4）落座时，身体保持重心缓缓直落，臀部接触椅面时不要发出声响。

（5）落座后，双脚并齐，双腿并拢。

选择正确的走路方式

下面有两个场景，想想看，你喜欢哪种？

案例 1

走在路上，双腿叉开，大踏步行走；双臂摆开，来回晃动，过路会时不时碰到人。

案例 2

走在路上，双腿间距离较小；双臂摆动，但幅度小。

相信，大多数人都会选择后者，因为这才是标准的走路姿势。

行走是最能体现个人精神面貌的动作之一。行走姿势能反映人们的内心境界和文化修养的高低，还能体现出个人的风姿和气度。因此，选择正确的走路方式也是非常必要的。

1. 标准走姿要领

标准的走姿是怎样的呢？概括起来，主要包括以下几方面的特征。

(1) 走姿是站姿的延伸式，行走时，务必保持站姿中除手脚外的所有要领。

(2) 行走要用腰力，身体重心微向前倾。

(3) 迈步匀称，步幅最好一只脚到一只半脚。

(4) 跨步时，双腿间距离要小。女性着裙装或旗袍时走路要呈直线，使裙装的下摆与脚的动作一致，以此呈现优雅的动感韵律；着裤装时，走平行双直线。

(5) 行走时，脚尖脚跟应与前进方向顺为直线，避免“内八字”等不良走姿。

(6) 双手自然地前后摆动，此时手臂和身体的夹角一般为 10 度至 15 度，用大臂带动小臂前后摆动，肘关节只能微曲。

(7) 上下楼梯时要保持身体直立，脚步轻稳，眼睛尽量少看楼梯，也尽力不用手扶栏杆。

2. 走姿训练

(1) 行走辅助练习。

摆臂：身体直立，保持基本站姿。在离腹部两拳距离的一个点，双手半握拳，由大臂带动小臂，从斜前方向此点摆臂。

展膝：依旧保持基本站姿，左脚跟离地，但脚尖不离地面，左脚跟落下时，右脚跟同时离地，双脚交替进行，脚跟提起时腿屈膝，另一条腿膝部内侧绷紧绷直。进行此动作时，两膝靠拢，内侧摩擦。

平衡：行走时，在头上放本书或小垫子，用手扶住保持平稳之后，再放下手行走，一定不能使头上物品掉下来。经过训练，让背脊直挺、颈部竖直，上身不会随意摇晃。

（2）迈步分解动作训练。

保持基本站姿，双手放在腰间，左腿擦地前点地，与右脚相距一个脚长，右腿直腿蹬地，髋关节迅速前移重心，成右后点地，然后换方向练习。

保持基本站姿，两臂自然垂落身侧。左腿前点地时，右臂移至小腹前的指定点位置，左臂向后斜摆，右腿蹬地，重心前移成右后点地时，手臂位置不变，然后换方向练习。

（3）行走连续动作训练。

左腿屈膝，向上提起，抬腿向正前方迈出，由脚跟、脚心、前脚掌至全脚依次落地，同时右脚后跟向上缓缓踮起，身体重心移向左腿。

换右腿屈膝，经过与左腿膝盖内侧摩擦向上抬起，勾脚迈出，脚跟先着地，落在左脚前方，两脚间相隔一脚距离。

迈左腿时，右臂在前；迈右腿时，左臂在前。

将以上动作连贯运用，反复练习。

不要因为一个小手势而失了大礼

手势体现出的思想情感非常广义，传递的情感也相当精妙深奥。比如：招手问候、挥手辞别、拍手赞叹、拱手道谢、举手赞许、摆手婉拒；手抚关爱、手指愤怒、手搂亲密、手捧尊敬、手遮害羞等。

手势折射出的含义，也许是发出信息，也许是表达爱恨喜恶的个人情感。如果能妥当地用手势传递情感，会为个人的交际能力和魅力增添风采。

1. 几种常见手势

（1）接待。接待客人时，站立旁边，亲切友好地目视客人，手臂自然向外侧横向指示，手指指向客人要去的方位，等客人经过面前后，再放下手臂。

（2）引路。向客人指引路向时，要轻走在客人左前方一两步前，小臂抬起，整个手臂呈一条直线，手指并拢，掌心向上指向斜向上方45度，指示要去的方向，眼睛还要注意客人和其他方向，直到客人表示了解路向了，再放下手臂。

（3）请坐。请客人入座时，手落在腰线方位，整个手臂呈一条向下斜线，引客人落座。

（4）递接。为客人递接东西时，掌心朝上，手指并拢以保持物品平稳。注意：如果递送刀或者剪子等物品时，请将刀尖向里再传递。

（5）鼓掌。鼓掌是表示欢迎、支持、鼓励、认同的一种手势，一般用于会议、表演、演讲等场合。其标准手法是：面带微笑，抬起双臂至胸前，右手除拇指外的其他手指轻击左手，鼓掌时间越长，越表示热情和欢迎。必要时，请起身鼓掌。

（6）夸奖。夸张主要用于赞扬别人。一般做法是：伸出右手，竖起大拇指，指腹朝向被夸奖者，投去热烈赞赏的目光。由于不同国家的文化差异，在国际交往中，此种手势甚至其他手势都要慎重去用或者查证后去用，以免造成误会。

（7）告别。注视对方，手臂伸展为直线，抬起至略高于肩或适宜的高度，掌心朝向对方，手指并拢向上指，小臂摆动示意告别。

2. 手势运用注意事项

不同的手势有不同的含义，因此我们完全可以用它传情达意，可是在运用手势的时候，有些问题是需要注意的，比如：

（1）注意地方性文化差异。不同的国家、民族、宗教信仰造就了不同的文化差异，所以手势的表达方式和含义也不尽相同，甚至相同的手势也会有不一样的释义，因此一定要熟悉手势所传达的意义，避免引起不必要的纷争误会。

（2）手势不要太多，摆动幅度不要太夸张。在实际交往中运用手势时，请不要随意指指点点和挥手乱舞，不然会让人有不知所谓、焦躁不安的情绪，甚至给人以轻浮的印象。在交谈中，如果经常拨弄自己的手指，比如：掰手指关节发出声音，或者是手不知道放哪里就随处动来动去的，都会让人感觉不舒服。

（3）注意手势速度和高度。手势指示得太快，别人会看不明白，手势太高，显得个人仪态不大方，建议手势最高到耳朵处。

（4）手势一定要自然、协调。手势使用不准确，会给人僵硬、不明了的感受，因此必须要做到顺畅、自然、简洁、明了。如果在上班时把手放在衣服口袋中，先不说仪态是不是美观，这一般都是不被准许的。正确来说是双臂放松垂在大腿两侧，且手掌心朝内轻贴腿部。

（5）不要用手指头去示意。不论是工作还是生活中，人们经常会忽视手势礼貌，总是因一个小动作而给人以没有修养的不良印象。比如：最常用的示意介绍的手势没有正确使用，显得对人不尊重。标准的介绍手势是除拇指外的四指并拢，用四个手指形成的手掌去示意，而不是直接伸出一个指头指示，尤其是在新认识的朋友圈互相介绍时，最忌用一个手指头去指着对方向第三人介绍。如果用手指直接指着对方就更加不行了，通常会引起对方的厌恶。还有，一些人会用手中正用的笔或物品向对方指示，也是不礼貌的做法。

（6）不要掌心向下指人。指示他人时，不应掌心向下而指，只有宠物是被这样指示的，正确的手势是应该掌心向上，五指伸直合拢。

3. 范例手势

（1）招手动作。在中国，招手是“让别人过来”的意思，而在美国是“叫狗过来”的意思。

（2）竖起大拇指。一般是“顺利”、“成功”或者“赞美”的意思。但也有其他例外，比如：在美国和欧洲一些国家，意思是“要搭车”，在德国表示数字“1”，在日本表示“5”，在伊朗等中东国家表示“挑衅”的意思，和西方国家的竖中指是“一样”的意思。和别人交谈时竖起大拇指但反向指着第三者，也就是用拇指的指背指向非谈话对象的第三人，是对第三者的讥讽。

（3）OK 手势。将食指、拇指搭成圆圈，剩下三指伸展，掌心向外。美国人用这个手势表示表示“同意”、“顺利”、“赞扬”的意思；法国人是表示“微不足道”或“不值一提”；日韩国家表示“金钱”；在泰国表示“没问题”，在巴西、希腊是一种粗俗下流的污秽手势。

（4）V 字手势。这个 V 形手势被广泛应用且发扬光大是从第二次世界大战时的英国首相丘吉尔开始的，然后在世界迅速流行开来，表示“胜利”。若是掌心向内，这是“侮辱人”的意思。

（5）挥手致意。用来表示“问候”、“打招呼”。当你被认识的人招呼，但自己却很忙碌的时候，就可以挥手致意，这样对方就不会以为你故意不理人。要掌心朝外，指尖向上。

（6）与人握手。在初见面，会谈完，致谢、慰问等时，经常会和人握手。但是要注意先后顺序：地位高的人先出手相握，地位低的人接受握手。如果是服务行业的人，就不要先伸手了。通常，握手是用右手，且时间在 3 ~ 5 秒就可以了。左手不要用于握手，双手相握显得过于隆重，不必常用。

（7）双手抱头。许多人喜欢单手或者双手放在脑后，其实是想放松而已。但若是在为别人服务的时候这样做，会给人以傲慢的印象。

（8）玩弄手指。反复玩弄自己的手指或指甲，不是捏响关节，就是手指动来动去，这都会给人散漫、无聊的感觉，让人很不舒服。

（9）手插口袋。在工作中，如果你把手放在衣服口袋里，这会让人感觉你偷闲躲懒，不用心工作。

摒弃不良体态，做个识“礼”的人

中午下班后，李梅坐地铁回家。可是，刚坐稳，就有人打来电话。李梅一看是家里人，便没好气地大嚷着：“我马上就到家了，有什么电话可打的！”

妈妈在电话的另一头说：“你舅妈他们从老家来了，今天中午咱们在楼下的饭馆吃饭。”

李梅一听说是妈妈老家的人来了，撇撇嘴，大声说：“我不想和农村人吃饭，你们吃吧。”周围的人怔怔地看着她，可是李梅似乎没看到。

妈妈说：“你舅舅他们几年也不来一次，你这样多不礼貌？”

李梅辩解着说：“就说我加班呢。中午我不回家……”说完，便挂了电话。

手机和 iPad 是现代生活中必不可少的通信和娱乐工具，适宜地使用这些现代化工具而不影响文明，是不可小觑的问题，但是，如果把手机带到社交区域，一定要考虑他人的感受：把铃声调低，避免吵到他人；有来电时，到人少的地方去接听，且注意通话的音量；如果有的地方真的不方便接电话，就接通悄声告诉对方或者挂断发短信告诉对方你现在不方便接听，会回打给他的。

其实，类似这样的不良体态，生活中有很多，只有积极摒弃，才能得到他人的认可。

1. 不要随地吐痰

吐痰是会传播细菌的途径之一，且较为常见。随地吐痰是非常缺乏健康意识和不文明的行为，如果一定要吐痰，就要用纸巾吐了包起来扔到垃圾桶，或者去卫生间吐痰，但最后要清理痰迹。

2. 不要乱扔垃圾

随地乱扔垃圾是非常不文明的举止之一，会给环卫工人带来负担，也给城市造成了污染。因此，如果自己手里有包装袋之类的垃圾，一定不要乱扔。看看附近有没有垃圾桶，如果有，就直接扔进去；如果没有，就先自己收起来，找到垃圾桶后再扔掉。

3. 不要当众嚼口香糖

咀嚼口香糖要注意个人形象，尤其不能发出声音，会让人有不舒服的感觉。嚼完了，一定要用纸巾把口香糖包起来扔到垃圾桶，以免造成别人的麻烦。

4. 不要当众挖鼻孔或掏耳朵

有些人有用棉签、手指、发夹等挖鼻孔或者掏耳朵的习惯，尤其在公共场合也不避讳，这其实是个不好的习惯，比如：在餐厅，有人在进餐喝饮料，如果你的这些动作被别人看到了，不出意外会引起他人的侧目与指责，因为会感到恶心，所以一定要注意个人的一些不良习惯。

5. 不要当众抓头皮

有些人头皮屑很多，有时候在公共场合头皮却开始发痒，如果忍不住用力挠，可能头皮屑不只会掉落在衣服上，也会四处飞散，让他人感觉不舒服。尤其在比较庄重的地方，这更让人大为不爽。

6. 在公共场合不要抖腿

除了跷二郎腿，有些人也有抖腿的习惯，无论在哪里，总是不自觉地，有意无意地双腿颤动不止，连着桌子椅子也一起晃动，或者翘起的腿左右摆动，这都是让人感觉不愉快的行为，也是不优雅文明的举止。

7. 不要当众打哈欠

工作时打哈欠会感觉你不用心，散漫。与人谈话时打哈欠会感觉你对他人不在意，没兴趣。所以，如果真的忍不住要打哈欠，一定要立刻用手捂着嘴，并跟对方说：“真对不起”。

第四章 穿衣打扮是一个人品位的真实写照——服饰礼仪

服饰具有极强的表现功能，在社交活动中，人们可以通过服饰判断一个人的身份、地位、涵养；通过服饰可展示个体内心对美的追求、体现自我的审美感受；通过服饰可以增进一个人的仪表、气质，所以，服饰是人类的一种内在美和外在美的统一。要想塑造一个真正美的自我，首先要掌握服饰打扮的礼仪规范，让和谐、得体的穿着展示自己的才华和美学修养，以获得更高的社交地位。

不整洁，即使是新款，也会让你失色

周五下午，郭晓约了客户，一起去打高尔夫球。

这个客户，郭晓已经联系有一个月的时间了，好不容易约上了，郭晓当然要重视了。

为了给客户留下一个好印象，郭晓特意选了一套贴身的休闲服。

坐上出租车，郭晓很快就到了约定的地点。郭晓为了清清嗓子，于是便从包里拿出一个矿泉水瓶，喝了一口。可是，进门的时候，有个人正好从里面出来，两人撞了个满怀。饮料瓶里的水洒了出来，泼了郭晓一身。

郭晓异常生气，虽然对方不停地道歉，可是郭晓还是不依不饶，最后将对方逼急了。对方拿起地上的矿泉水瓶，将剩下的水都倒在了郭晓身上。面对突然发生的情形，郭晓懵了，等她反应过来的时候，对方已经骑上自己的摩托车走了。

郭晓浑身上下都是水，眼看时间就要到了，只好走进了场馆。坐在大厅里的客户一眼便看到了她，因为他们两人在视频上聊过天。看到她这个样子，客户便将手机调成振动，随手拿起一份报纸，挡住了自己的脸。

郭晓找不到人，又担心自己的衣服，只好不了了之。

郭晓出门坐上出租车后，便给客户打电话。好不容易接通了，客户是这样说的："小郭，我在大厅里看到了你，可是你看起来根本不是和我商谈的。既然你不重视这次商谈，那就算了。"

得体的服装，体现了对他人的尊重，尤其是面对客户的时候，更要着装得体。

服饰并不是非要上等华丽，可必须保持整洁，这样穿起来才能舒适得体，显得神采飞扬。服装整洁除了为自己，也是尊重他人的必要，这是良好仪表的关键。衣服上不能有破损、污渍，且衣着要整齐。

再时尚的服装如果不整洁，会非常影响个人的仪容仪表，不论是工作还是日常逛街的便装，都应以整洁为原则。

穿衣服之前，想想自己今年多少岁

小婷是个20岁的女孩，在一家公司做文员。其实，公司对员工的着装并没有做出硬性规定，只要大方得体即可。可是，为了显示自己的专业，小婷整天都穿着同一款式的西服。

这天，老板要接见一个比较重要的客户，让小婷一起跟着去。因为，她是公司里最年轻的，人也长得不错。小婷很高兴，因为这可是她露脸的一次好机会。可是，老板却提出了一个要求：穿着休闲时尚一点，不要将自己搞得像个40岁的中年妇女。

小婷听了老板的话，回家便在自己的衣橱里搜罗起来。可是，一码的全是黑色、灰色。比较之后，小婷便选了一套贴身的灰色西服。

老板提前半小时来接她，一上老板的车，老板的眉头就皱了起来。之后，便让司机直接将他们带到了附近的商场。老板让司机带着小婷去买套适合小婷年龄阶段的衣服，买好就穿上，公司报销。

司机对衣服很在行，很快便帮着小婷选了一套合体的连衣裙、高跟鞋……小婷穿上之后，焕然一新。

服装，不仅可以体现出一个人的精神面貌，还会体现出一个人的年龄特征，因此一定要穿和自己年龄相符的服装。即使是穿西服，也不能将自己搞得老气横秋。

衣服风格要适合自己的年龄层次。穿着老气，看着没精神，老气横秋；穿着太年轻，别人觉得你装嫩，看着别扭。因此，为了自己的舒适得体，就要选匹配自己年龄的服装，这里就给大家列举几个适合各年龄层次的衣服。

18～23 岁：

上了大学，男孩和女孩都想变漂亮，于是变着法子装扮自己。这个年龄散发的青春朝气是最好的资本，要多穿清新的服装，清雅中不失唯美，纯洁中透着芬芳的书卷气。

23～28 岁：

开始步入社会，这正是努力奋斗拼搏、摆脱稚气证明自己能力的时候。职业装的干练和正规匹配这个时候最需要，可以让自己看起来更加自信、专业，神采飞扬，上级也会欣赏自己，客户会相信自己。

28～38 岁：

这个年龄的人大多已经结婚，既是温和的，又透露着女人味、男人味，此时可以尝试不同风格的服装。

38～48 岁：

这是工作家庭都已经稳定的时期，也可能是工作中的带头骨干，此时女性可以走性感女人风的路线，如果有凹凸有致的身材，加上高跟鞋丝袜再配上紧身衣，外搭小香风外套，女人味足足的；如果是男性，可以找些套装或休闲服穿，让自己显得更加干练。

选衣服的时候，想想自己是什么体型

衣服的选择，要和自己的体型相配。不合体型的服装，会让穿衣效果大打折扣！现在，我们就以女性为例谈谈不同体型要选择怎样的衣服。

1. 梨形身材——A 形

这种体型的人，一般都窄肩、细腰、宽臀、胸部略小、脂肪主要集中在臀部及大腿。为了弥补自己的身体缺憾，可以想办法拉长下半身的线条感。高腰裙装既有收腰的视觉，又可以拉长腿部线条；尽量避免下装有褶皱，多层等设计，它们会使臀部看起来更宽。

要选择肩部有修饰的衣服，如船领，露肩装，以此平衡臀部的体积感；尽量不穿紧身上衣，不然使上下半身的对比更明显，也要避免收腰类的衣服；可以尝试直筒裤或者微喇裤，因为裤口处比较宽大，就会显得臀部小一些；A 字裙能拯救梨形身材，是梨形身材女生的百搭神器。

2. 沙漏形身材——钟形

这种体型的人，一般都胸丰、腰细、臀宽、大腿丰满，是拥有曼妙腰胯线曲线的完美身材。为了弥补自己的身体缺憾，卡其布直筒裙是最搭的选择，沙漏体型的曲线就靠其微微收紧的下摆营造。再系条收腰的腰带，你就是“腰精”了。

沙漏体型只能重点修饰腰部，可穿收腰的上衣或夹克；也可以走性感风，比如低腰裤，可以把注意力放在你丰满的臀部曲线上。上身可以尝试背心、吊带这些小件，或者紧身针织衣也能勾勒出明显的身体曲线；短款露脐装只让人注意到你的胸部，搭不好会比例失调。同样，太宽松或直筒的衣服会遮盖身体的曲线。

3. 苹果形身材

这种体型的人，一般都下肢纤细修长、胸部及腰腹却突出，胳膊较粗。

穿衣服的重点是：突出曲线，靠服装增加身体的线条，抵消圆润感，营造曲线。

为了补救身体的缺憾，可以搭 V 领的高腰线上衣。依靠 V 领拉长视觉效果，腰线处的褶皱处理能抵消腹部圆润感；穿开衫时，不要系扣子，敞开着穿就像两条门襟会在衣服前面形成两条竖条，而平面上有竖线是有显瘦效果的；下装选直线条，同样竖条图案会使视觉显瘦；不适合穿紧身衣服，会显得更加臃肿；裤子要避免带有褶皱的，或侧面带有口袋的等，这些额外的修饰效果都会让你的中间部位更加臃肿。

4. 矩形身材——H 形

这种体型的人，一般全身都是等宽的，曲线不明显。如果是稍匀称的 H 形身材，可以尝试用腰带修饰腰线；上衣可以穿带腰部装饰的衣服，增加曲线感；裤子可选择带有口袋、铆钉这类的修饰物，以此增加臀部宽度，显得腰部会瘦，有曲线感；带有肩章的夹克可以修饰肩部线条，避免身材等宽的苦恼；避免穿宽大硬挺面料的衣服，这会破坏你的柔美曲线。

5. 倒三角形身材——Y 形

这种体型的人，一般都肩部宽，上半身到下半身逐渐变窄。为了弥补身材的缺点，可以这样着装：选择颜色鲜明的下装，清晰的图案会使下半身圆润些；带有细节设计的裤子或裙子，只要能增加下半身的体积感就可以；过短的裙子会使上下身对比更加明显，上半身更加壮实；异形领或者无袖装都可以减弱上半身，而船领横条纹、大垫肩等设计只会使你的肩部看起来更加宽大。

6. 娇小型身材

这种体型的人，一般都兼具其他身材类型的特点，但最明显的还是身材特别娇小。

这种身体的人，可以穿纯色的衣服，让视觉增高，颜色太多的衣服会破坏色彩的连贯性；可穿直筒裤和中跟鞋，在视觉上拉长身高；最好选择直筒长裤，简洁不带任何细节类的；选择竖向线条的图案衣服，纵向拉长身高，横向显得矮胖；选择小图案的花纹，大花纹会显得身体体积大，视觉身高显矮。

娇小身材最搭短发，头发太长会拉低视觉身高。如果不喜欢短发，可以把它盘起来，或者扎高马尾，这样就避免了长头发影响视觉比例。选择小而精致的配饰能衬托你的身型。

不同的场合，也要穿不同的衣服

场合不同，要求的衣着风格也不同，穿着适宜的衣服风格能给人良好的印象。

1. 婚礼

最好以时间和天气决定婚礼场合的衣着。另外，黑色不能穿去婚礼现场，而白色则是新娘的主打色，所以哪怕这两个颜色穿起来再美，也得避开。

2. 晚宴

觥筹交错的晚宴，可以着优雅的晚礼服等，和男伴的西装搭配；露肩装也不错，长短裙甚至是迷你裙等都可以让你在晚宴上大放光彩，展示服装上的独特品位。

3. 宗教礼拜场所

如果准备去做礼拜，必须要着适合那个场合的衣服，不能随心所欲地穿不搭氛围的衣服。宗教场所，必须秉持着庄严肃穆的心态。如果可以，裙子要超过膝盖，尽量不穿会大面积裸露皮肤的衣服，还有深领、短裙和太休闲的衣服都应避免。

4. 工作面试

面试的时候，公司也会从穿着上考究你是否带着正式和尊重的态度而来。如果你穿的衣服正式，自己也会增强自信，例如销售、编辑、会计、市场营销等，都需要专业保守的着装。如果是美容、设计这些休闲类的工作，可以搭配时尚的服饰。演员和模特更是需要直观的衣着体现，一般紧身衣服和短裤这些能直接看出身体外形的衣服都是必要的。

5. 商务会议

出席重要场合，签订合同和商务会议等，穿着得体甚至商务化，会使合作伙伴更加信任你。千万不要穿休闲服装，更不能穿时尚新型人类穿着的服装。

6. 第一次约会

初次约会一般只能得印象分，穿着自己喜欢的适合的风格，而不是刻意去迎合对方的喜好，要让他/她全面了解真实的你。

7. 休闲

休闲活动也有几种，对应着不同的休闲服饰。普通的休闲活动，比如：在办公室聚会或者举行商务午餐，这时穿普通的工作装就好。考究的商务休闲，比如：晚宴和酒会，就比较要求着装的正式，要穿小礼服，不能穿牛仔裤T恤这些便装。

8. 夜总会

夜总会这类的地方，如果你穿的够时尚够高档，一定会给别人留下美好印象。无论在什么场合，都有它适合的搭配风格，一定要做你自己，展现自己。

入国而问境，入乡而随俗

五一长假期间，周敏和同事到东南亚的一个国家旅游。她们两人的身材都不错，于是便穿着一些比较暴露的衣服上街了。靠着好身材和好服装，两人的回头率简直就是百分之百。可是，很快就有警察盯住了她们。

周敏和同事不明所以，说自己是来旅游的，没有做违法的事情。可是，对方却说：依照法律，穿着暴露，外地人要被遣返。原来，这个地方的人都比较保守，上街的时候，都要服装得体。

周敏和同事懊悔出门的时候没有看旅游指南，可是不管怎样，她们依然被带到了北京出入境边检总站遣返所。

“五一”旅游高峰期，很多人都会出去旅游。可是，出门在外，一定要尊重当地风俗，尤其是东南亚比较保守淳朴的一些国家，要做文明游客。

第五章　寒暄讲礼仪等于成功了一半——寒暄礼仪

万事开头难，会晤开始前也离不开寒暄。音乐始于序曲，会晤起于寒暄。寒暄和言辞是会晤和商务活动中的重要内容，是人与人之间表达情感的一种方式。寒暄是会客中的开场白，是坦率深谈的序幕。

遇到认识的人要主动打招呼

现在，很多人见面都不怎么打招呼：在公司里，同事见面觉得天天抬头不见低头见，用不着每见一次就打一次招呼；在公共场所遇到熟悉的人，也不上前打招呼，生怕自己认错了人造成尴尬；还有一种人不愿意主动跟别人亲近，总是想着别人跟他打招呼。其实，在人与人的交往中，一个热情和善的招呼，可以迅速提升自己的魅力，获得更多好人缘。

打招呼不只是一种礼貌，人们通过它还可以联络感情，甚至实现心灵上的沟通。因此绝不能忽视打招呼。一个小小的招呼，就可以在很短的时间内增进人和人之间的友谊。打招呼的第一原则就是：积极主动。

李军在公司的人缘特别好，虽然他来公司只有半年、干的是最底层的工作，可是大部分公司里的人都认识他。为什么？因为李军喜欢跟同事打招呼。不管是在公司，还是在外面，只要一遇到，他都会主动和他们打招呼。一来二去，大家都比较熟了。

主动向对面的人打招呼，会让对方觉得“你眼里有他”。每个人都希望被他人尊重和重视，如果你每天主动对公司里的同事打招呼，一个月之内，你的人气一定会迅速上升。

主动向领导打招呼，领导会觉得你敬重他；主动向同事打招呼，同事会觉得你重视他；主动向下属打招呼，下属会觉得你关心他。一定不能忘记：你把别人放在眼里，别人才会把你放在心里。

1. 主动打招呼也要不卑不亢

有些人不愿意主动打招呼，是因为感觉低人一等，但事实上恰好相反，心胸宽广的人，人生态度积极的人，才会主动对别人打招呼。过去在民间流行着一句话：“大官好见，小鬼难缠。”所谓大官好见，正是因为他们平易近人，每每看到对面走过来的人，都会主动打招呼，这也显示出他们的自信；反观小官，一见到人就故意端起架子，面对身边走过的人不理不睬，更不用说主动打招呼，唯恐破坏了他们的权威，这恰恰是他们不自信的表现。

每个人都渴望自信地面对别人，想要让别人看到你的自信心，就要主动向他们打招呼。那么从现在开始，见到同事或领导，不要害羞，主动张开你的笑脸，轻轻地挥手，说一句“你好!”提升自信，就是这么简单。

2. 主动打招呼有助于升职

在职场经常能看到这样一幕：两个同时进公司的年轻人，一个在一年之后还是个小职员，另一个却升到了部门经理的职位。两个人的实力相当，为什么会有如此大的差别？从打招呼这一点，就可以略窥一二：前者在公司的这一年中，每每见到同事或者领导，不是匆匆擦身而过，就是低头不语，同事们都觉得他这个人不合群；反观后者，每次见到同事或领导，都会主动问好，而且热情大方，渐渐地同事们和他相处越来越融洽。

你主不主动打招呼，对于领导和同事来说，并不是什么大事，但正是这种小小的细节，也会影响他们在心中对你的评价。尤其是领导，你的一声问候，会给领导留下一个良好的印象，领导就会更加关注和赏识你，你的升职之路自然就更顺畅。

主动打招呼，可以让对方心情放松的同时，给你打个很好的印象分，久而久之，你的工作环境也会随之变得和谐愉悦，如此好的工作环境，必然会促进你的工作发展。

3. 主动打招呼是创造美好环境的开始

在西方国家，你若想感谢别人的服务和帮助时，付小费是最常见的方式；但是中国人没有这样的文化传统，那么我们表示感谢的方式是什么呢？就是主动打招呼。

比如：你在小区见到保安人员，如果你主动走过去打个招呼：“小李，今天又是你当班啊，真是辛苦你了！”这么简单的一句话，会让对方感到你是重视他，重视他的工作的，如此一来就会在工作中更加卖力，也许某天还会在你需要的时候出手相助。

同样的道理，见到邻居时主动问声“最近好吗？”和睦的邻里关系就在你的这些温暖问候中悄然产生；见到物业的保洁员，主动向他问声好：“您太认真负责了，这地拖得都跟镜子似的。”这一句简单的问候，不但可以建立起良好的人际关系，还可能令大家的生活环境更干净、整洁。

4. 被冷落的人要特别关注

打招呼并不只是为了树立自己的形象，更多的是给对方带来好心情，所以那些被冷落的人更需要我们的主动问候。比如：有些人在位时前呼后拥，退休后无人问津，我们这时再见他们，一定要主动上去打招呼，这不仅是对他人的问候，也是对他的尊重。

个人魅力体现在很多方面，打招呼就是其中一种。在社交场合对被冷落的人打声招呼，你就和那些只在成功人士周围打转的人区别开来，你的成熟和大度就很容易体现出来。比如：在接待洽谈时，赞美老板之外，不能忘了身边的助理，“王秘书拟定的合同真详细啊！”这样不仅会让对方公司的助理开心，老板也会觉得你这个人懂得察言观色，他会觉得你是在夸他“强将手下无弱兵”。

5. 招呼的方式要灵活

打招呼可不单是问声好就完了的，它还可以配合其他内容，比如：点头、微笑、招手、握手、拥抱等，具体的方式会因为地域文化和亲疏关系的不同而变化。

职场打招呼更要分清情况。行走过程中要放慢脚步，或者停下了再打招呼；坐在座位上稍微欠身，或者微笑点头就可以；在室外如果距离远，微笑着招一招手，高声说一句“你好”即可；电梯里如果有很多人，而且大家都没有说话，你只要点头微笑就好。同样，如果同事主动向你打招呼，要积极回应，不理不睬是不可取的。

微笑是人类最美好的“语言”，在打招呼的时候伴以微笑，任何人都会觉得你亲切可人。不论是问好、握手、拥抱，面带微笑，专注地看着对方，都会给人真诚、尊重的感觉，对方也会同样尊重你。

如果遇到不方便面对面的情况，和对方招招手也是不错的方式。另外在不同的文化背景下，要尊重对方的文化习俗，采用对方认可的打招呼方式，比如：亲吻、碰鼻子等。

有时时间仓促，打招呼时的语言很短，但同样也不能忽视里面的细节。在中国的礼仪习惯中，平辈人常用“你好”，但是面对长辈就一定要用“您好”，虽然我们习惯称对方为“你”，但面对陌生人打招呼，用“您”称呼对方，会更显得尊重，对方也会觉得你有礼貌。

中国人的特色招呼不能少，“你吃了吗?”渐渐演变成中国人跟熟人打招呼时的常用语，重点不在内容，对方可以不回答他吃了没有、吃过什么，问候者实际表示的也不是这个意思。这句话其实是在说“我在跟你打招呼呢”。但是对没有这样文化基础的人来说，最好不要这么问，不然会带来不必要的误解。

遇见许久不见的人，也要用相应的话语。如果你一上来就问“你好，吃了吗?”对方会觉得你从没在意过他，“他难道忘了我们很久没见了吗?”这样又一下子拉开了彼此的距离。遇到这种情况我们应该说：“好长时间没见，最近还好吗?”对方通常都会回答：“挺好的。”这时你可以问“在忙什么呢?”这样就可以将谈话继续下去。

如果你是晚辈，就要先向长辈打招呼

很多人都背过三字经："路遇长，疾趋揖，长无言，退恭立。"这12个字告诉我们，遇到长辈要怎么做：见到长辈走近，要快步上前，主动行礼；长辈不再说话的时候，要退到一旁，恭恭敬敬地站着。

人与人之间最美好的纽带就是礼仪、礼貌。在古代，任何人在街上碰见都要行礼问好，见到长辈更是尊敬。可如今很多孩子见到长辈，都不会规规矩矩地打招呼，有些家长也很无奈地表示，孩子能冲你笑笑就已经很好了。为人父母的教育标准都在降低，孩子的礼仪教养可想而知。

古代圣贤人主张"主敬存诚"，任何时候说话、做事、与人交往都要时时刻刻恭敬、真诚，这不仅是做学问的根基，更是个人安身立命的根基。即使是一个简单的招呼，也要充满恭敬和真诚，向长辈打招呼时要站在两步远的地方，要先鞠躬并且不能撞到长辈，然后说："叔叔好。"这样就体现出恭敬、真诚之意。除此之外，眼神不能到处飘，鞠躬前后都要看着对方，这才合乎礼仪规范。

一个不讲礼貌的人，遇人遇事都不会很顺利，这不是偶然，他的人生必然会因此遭遇很多障碍！你在日常生活中谦逊有礼，就有更多的人关怀、帮助你；如果你对他人总是恶语相向，频频失礼，人们就离你而去，甚至成为你的阻力。

孔子曾说，"不学礼，无以立"，不懂礼法、不讲礼貌的人，要想在人群中立足是很难的，任何一句冒犯的话、一个失礼的动作，就有可能得罪别人；

而知礼法、懂礼貌的人，不管走到哪里，大家都会喜欢他、爱戴他。

距离很远，不要大喊对方的名字

虽然说，生活中遇到亲戚朋友的时候确实需要打招呼，可是如果双方距离较远，就不要大声喊叫了。

周末，王明带着儿子到附近的公园玩。公园里，有个体育活动的空地，篮球、乒乓球等健身器材都有，很多人都来这里玩。

王明和儿子带着旱冰鞋来到这里，玩了一会儿决定休息一下，走到篮球场的时候，王明发现同事小李也在这里打篮球。其实，小李也已经看到了他，只不过大家都在玩，不好临时退场。

王明不管这些，大声喊着同事的名字，儿子看到爸爸这样喊，也大声喊叫起来。同事觉得很尴尬，只好放下篮球走过来。

不可否认，在公共场合，大声喊别人的名字，是很不礼貌的。尤其是一些比较安静的场合，你的大喊大叫，很可能会影响到他人。

打招呼不仅常用在陌生人之间，熟人相遇也应该行一个简单的见面礼。比如：在剧院、餐厅、商场、公园等公共场所，熟人见面主动打个招呼、问候一句，不仅是讲礼貌，更能体现你的友好和善意，同时也让对方感觉到你的尊重。但具体方式要根据现场情况而定，如果距离相近，相互问候寒暄一下；如果距离比较远，看到彼此就点头微笑一下，互相招一招手，不必大喊大叫。

大喊大叫，会影响到公共场所中的其他人，不仅会造成对方尴尬，也是对他人的失礼。因此，与人打招呼的时候，要保持合适的音高，不能高八度。

寒暄，也要适可而止

打招呼的时候，问候和寒暄也有很好的作用，它虽然简单、短小，但却可以成为进一步交谈的催化剂，在双方心里建立一座桥梁，让彼此更亲近。

贝尔纳·拉迪埃是一名普通的销售员，在法国一家飞机制造公司——空中客车一直有不错的销售业绩。当初，他第一次为公司推销飞机时，面对的是印度市场。在别人看来，这几乎是不可能完成的任务。印度政府已经对这项交易进行过初审，结果却没有批准，能不能把这次生意谈成，希望全在贝尔纳·拉迪埃一个人身上。

拉迪埃被任命为销售代表，他的压力巨大。他很快就飞到了新德里，准备和对方谈判。拉尔少将代表印度航空公司接待了他。在和拉尔少将握手的时候，拉迪埃没有显现出一丝不悦，还亲切地说："因为你，我才能在生日这一天，重新回到我出生的地方，谢谢你！"

看似简单的开场白，其中却隐藏着很多的信息，它简明扼要地表达了拉迪埃的意思：他这个出生在印度的人能够回到家乡，正是因为这次工作；而今天正好是他的生日，他要感谢自己的公司和印度航空公司。这样说不仅将两个人之间的距离拉近，还让少将感觉到了他的真诚。

拉迪埃的销售技巧愈加成熟，创造了辉煌的业绩：1979 年一年的时间里，他为空中客车公司销售出了 230 架飞机，总值达 420 亿法郎。首次谈判的寒暄，对于他的个人业绩功不可没。

寒暄固然重要，但一定要把握好“度”。适时适度的寒暄可以迅速打开局面，但过度依赖寒暄，会让人失去谈话的兴趣。真正经验丰富的人，善于从寒暄中找到重点，因势利导，言归正传，而不是忘乎所以地谈天说地，最终把谈话的真正目的抛诸脑后。

第六章　懂礼仪的人都知道正确的握手方式——握手礼仪

握手礼是商务活动中唯一得体的身体接触，但真正做得正确并且利用这个普通礼节达到良好交际效果的人并不多见，因此我们有必要细致地研究它的每一个环节，使握手礼真正成为友谊的开始。

握手前应保证自己的手干净

个人、团体甚至国家之间都会用到握手礼仪，这往往有丰富的内涵。通常，握手是种有效的交流，能打破陌生的隔阂，加深彼此的好感和信任。但关于握手的准确规则，大家是要学习的。握手之前，要先清洁自己的双手。

李磊是单位的经理，有一次，他参加一场名流晚宴，各界显赫人士都在场。当时，李扬被引荐给刘老板。

李磊先伸出手以示友好，但不巧的是，服务人员把酒洒到了他手上。李磊却还是想先握手。但刘老板像疏忽了他似的，依旧和朋友言笑晏晏。

李磊开始觉得难堪了，但又不好意思把手收回去，还是那样伸了 20 多秒，刘老板依旧不为所动，没办法李磊只好假装去打蚊子，脱离了这个场面。这情形让旁人尴尬，李磊更是窘迫地走开。

与人握手，保持手的干净是基本的礼仪。试想，刘老板或者任何一个人，谁想触碰一双不干净的手呢？李磊就是犯了这个错误才造成了自己的难堪。

尽管拒绝对方的握手是不礼貌的，但若对方手上真的不干净什么的，可以婉拒，但别忘了消除误会。

握手的时候应让谁先伸手

我们经常说要去主动做事情，但有些事情如握手，却不是随意主动的。握手要知道谁先伸手，何时先伸手的顺序。通常男士和女生握手时，要等女士先伸手。若是女士不想握手，则不可勉强，只需问好表达好意即可。

张强去某贸易公司应聘时，是一个女经理负责面试。女经理之前看了很多的简历，对张强的印象比较深，因为他的条件和工作经验都很匹配，觉得他也有才华，而面试过程也很顺利，给女经理很好的印象。

在面试结束时，女经理主动握手夸赞张强："年纪这么轻，但表现真的很不错。"而这时张强也伸手相握，但他是掌心向下使劲握住了女经理的手好几秒，这时女经理面色一变，心里感觉很不舒服，心想这个小伙子太无礼了。就这样，因为张强不礼貌的握手，女经理最终决定不录用他。虽然事小，却能体现一个人的修养和品德。

男女之间握手时，微笑注视对方问好，用右手相握就好，且是轻握女士手指两三秒，不要用力握手，女士之间的握手，尊者先伸手，对方再伸手。

谁先伸手要看对方的身份条件，具体场合。总的来说，在一些正式场合，以各自的身份地位决定谁先握手；如果是非正式场合，比如休闲类的活动，则以各自的年龄性别等决定谁先握手。

谁先主动的另一原则是地位高的一方先伸手。比如：长辈先伸手和晚辈握，长者先伸手和幼者握手；领导先伸手和下级握手；地位高者先伸手与地位低的人握手；老师先伸手和学生握手；已婚者先伸手和未婚者握手；男女社交中，是女性先伸手。

除了社交场合中女士先伸手的原则，如果在公司或商务场合中，则是等对方先伸手。如果是聚会类场合，主人要先伸手和客人相握，以示对客人的欢迎；客人辞别时，等客人先伸手告别，感谢主人的热情款待。按照次序来，才不会引发误会。

冰冷僵硬的握手方式不受欢迎

加拿大著名形象设计师凯伦曾经说过：“握手是一门如此有趣的艺术，它让我们在瞬间产生了种种推测和判断，握手的信息是无言的，但它却是那么的丰富和微妙。握手是如此的感性，但它却在对方开口之前，让我们感受到了他的内心活动。”的确如此！

通常，个性开朗的人会主动握手，手表达他的热情；个性阴冷或无情的人伸出的手则是毫无温度的，冰冷、僵硬，对方是无法感受到热情的。二者比较起来，人们往往更愿意和前者握手、交往。

Amy是一个热忱而敏锐的女士，在某房地产公司任职副总裁。有一次她招待了从某建筑公司来访的主管魏经理。

魏经理被助理引到 Amy 的办公室，助理向 Amy 介绍了魏经理。Amy 微笑着和魏经理示好，魏经理也礼节性地和 Amy 握手了。

Amy 只是客气地对他说："很感谢您来访我们公司，并带来了合作方案，我会仔细阅览考虑，有意向会联系您的。"魏经理没来得及讲解他的合作方案，就被请出了办公室，并且在之后的多次电话回访中，助理都是告诉他 Amy 在出差。

为什么 Amy 不愿意和他商谈业务呢？Amy 在一次形象培训课上提起这件事，觉得很不可思议："他作为一个公司的高级管理层，竟然连最基本的握手礼仪也不懂，除此之外，从他握手的过程里感觉不到任何热情和温度，这样的人，个性也不会开朗乐观。而公司会聘用这样的人当主管，显然这个公司的业务水平和信誉也不会好到哪里去，我们怎么会和这样的公司合作呢？"

握手作为陌生人之间短暂的初次接触，虽然只有几秒钟，却可以决定对方对你的初次印象。和对方握手的时候，如果你的手冷冰冰的、硬邦邦的，对方心里定然会感到不舒服。一旦对方的情绪因此而受到不良影响，就会认为你是个无情、无礼、连礼貌都不愿意去假意维持的人。即使你可能本不是这样的人，但依然无法去改变别人对你的不良印象。因此，在与人握手的时候，一定要让自己的手充满温度。

与对方握手不要太用力

握手"力度"通常会表达个人的情感强烈与否。因此，与人握手的时候，力度要合适，力度过了会给人造成不适感，力度不够别人又误会你冰冷、虚假。

侯平在一家电脑公司做业务员，主要负责电脑的销售。由于销售业绩不错，很得老板的赏识。这天，一个同学给侯平介绍了一个大客户，是他的亲戚，对方是一家企业的总经理，打算换一批电脑。同学确定了时间，约好大家见见面。

看到自己又要接一个大单了，侯平异常高兴，提前十几分钟便来到约定好的餐厅。等同学带着客户走进来的时候，侯平便立刻迎上去，握住了对方的手。为了显示诚意，他还加重了力道，来回摆动几次。

松开手后，客户不自觉地舒展了一下手，刚才那一下，太突然，也太疼了。可是，介于亲戚的引荐，只好坚持坐了下来。侯平激动万分，一顿饭的时间，一直是他在说。

不可否认，案例中的侯平在见到客户时使用了不当的握手方式。握手太用力，会给他人留下不好的印象。因此，握手力度一定要适中。握得太重了，会使人感到疼痛，且感觉你是个粗鲁的人；握得太轻又略显敷衍和无礼，尤其与女士握手要大方得体，不要懒散地伸手出去。

握手时间太长不可取

2015 年 5 月，同学聚会，为了让家人之间互相认识一下，于是大家约定将家里的另一半也带来。李梅带着老公欣然前往。

李梅一进酒店，便看到了自己的下铺苗玲。两人上学期间关系甚好，只不过毕业后忙于工作，而且由于大家不在同一座城市，因此联系较少。

苗玲也看到了她，急忙迎了过来。苗玲将自己的老公介绍给了李梅，李梅伸出手，表示友好。可是，一伸出手，她就感觉错了。因为，苗玲老公抓着她的手不放。李梅想抽出来，可对方却越抓越紧。

老公看到李梅的表情，心中不快，但也不好发作，只好出来打圆场："你好！我是李梅的老公……"听到这里，苗玲的老公才将手抽出来，握住了李梅老公的手。

苗玲觉察出了老公的不当表现，回到家后，便说出了问题所在：拉人家的手时间太长了。可是，老公却不觉得，说："既然是你的同学，也就是我的同学，握手时间长一点还显得亲切。"

不可否认，在这则案例中，苗玲老公握着女同学的手时间太长是不恰当的，尤其是男女之间的握手，很容易让人误会。

握手的时候，一定要把握好时间。时间太少，显得敷衍了事；时间太久，尤其会让异性或者初始者感觉你心里有想法或者虚假。因此，握手时间 3 秒左右即可。如果特别想表达很高兴认识你的意思，可以长握几秒，但要上下晃动几次。

戴着手套握手没礼貌

真诚的握手不应戴手套！

冬天，天气很冷，人们出门的时候都要穿上羽绒服、戴上手套。由于天气太冷，打算出去见客户的周海，出门的时候也戴了手套。

到了约定地点，看到客户还没有来，周海便摘了手套，坐在位置上等。几分钟后，客户来了，一看到周海便将手伸过来。周海看着他戴着手套的手，不置可否。

客户意识到了问题，立刻便将手套摘了。

与人握手的时候，一定要先摘掉手套。如果发现自己做错了，就要立刻改正过来。

握手是彼此体温的短暂感触、拉近心灵的第一步，以示友好礼貌，因此一定不要戴手套握手。不过对于部分女士来说，如果戴手套只是装扮自己的一种搭配，可以不摘手套。

第七章　名片如其人，使用有讲究——名片礼仪

名片是一个人身份的象征，体现了一个人的尊严、一个人的价值。同时，也是使用者要求社会认同、获得社会理解的一种方式，当前已成为人们社交活动的重要工具。因此，名片的递送、接受、存放要讲究社交礼仪。

不要将名片放在自己不便拿取的地方

外出携带名片，要注意放置的位置，既要放在便于拿取的地方，又要让名片保持整洁。给别人递送名片时也不能慢慢吞吞，要干脆、老练。出门前要检查是否带好名片，并保证放在容易拿取的地方。

国庆期间，周挺受同学邀请，去参加他的酒店开业典礼。周挺很高兴，因为这也是一个认识客户的好机会。一早就来了，忙着给同学帮忙。

客户陆陆续续到来，有认识的，也有不认识的。周挺借着帮忙的机会，送出了很多名片。正在这时候，他突然发现一个自己很想认识的客户也来到了酒店。

周挺急忙走上去和对方打招呼，他想从兜里拿名片，可是名片用完了。他突然想起，自己的包里还有。于是，便打开随手带着的包。拉链一个个被打开，可是却没有找到。周挺急得满头都是汗。

对方看到了他的窘境，便掏出自己的名片递给他一张："这是我的名片，有事打电话。"周挺回复说："名片没有了，等明天我定然亲自拜访。"

案例中，当遇到一个心仪的客户时，周挺却发现，手里的名片用完了，而包里的名片却因为忘记在哪一层而耽误了时间。好在客户发现了问题，主动将自己的名片递了过来，这样方便了彼此的联系。由此可见，正确放置名片是多么重要。

一般情况下，名片应该放在专门的名片夹里，男士可以放在西服的上衣口袋中，女士可以放在手包或手提袋中。名片切忌随意乱放，若是养成不好的习惯，不仅自己不方便，还会给他人留下不好的印象。

有些人觉得放在钱夹里很方便，但最好不要这样做，一来纸币流通频繁很不干净，二来让人觉得不正规；还有些人习惯放在裤兜里，这也是不礼貌的，名片会被折得皱皱巴巴，让人不忍直视。

在办公室同样要注意名片的摆放，桌面上和抽屉里最好都要准备足量的名片，避免关键时刻找不到名片，胡乱翻找，不仅让人觉得你做事不讲条理，还让人觉得缺乏专业性。

名片即使很多，也不要乱发

曾经有人闹过这样的笑话：

商贸公司职员小张，某天正在处理业务，忽然有一个陌生电话打进来，电话里传来一个温柔的女声。小张的心瞬间融化，便把自己的工作资料都告诉了她。

小张以为是王阿姨给介绍的相亲对象，心想这下是走桃花运了，正美滋滋地等着她来找他。没想到，半小时后出现在他面前的，竟然是个身穿制服的女警察。

事情没有按照小张的预想发展，女警察严厉地问他："既然你有正当的工作，为什么不好好做？还要卖假证？"小张一下子懵了，一头雾水："我什么时候卖假证了？我这工作做得挺好的，没准下个月还能升职呢！"

女警察把一张照片摆在小张面前，他仔细一看，才知道是怎么回事，自己也是哭笑不得。原来有人盗用了他的电话号码，在外面印刷代理办证的小广告。小张思来想去，可能是某个拿到自己名片的人搞的恶作剧。

小张急忙解释各种缘由，总算弄清楚了事实真相，女警察临走特意告诫小张："以后千万别随便给别人发名片了。"

这样的故事还能当笑话看看，但若继续忽视下去，可能会造成严重的后果。由此可见，乱发名片后果是多么严重。

业务员王喜中午到公司外面办事，忽然有人打电话来，问他下午几点到厂房提货。王喜感到莫名其妙，把对方狠狠骂了一通。等王喜下午回到公司，秘书小孙着急地叫他赶紧到经理办公室去。

王喜看黑着脸的小孙，心里很是忐忑不安，一走进办公室，就看见经理正忙着给两个陌生人赔礼道歉。经理看到王喜后一阵批评，急着让他给两个人道歉。原来这天上午，有个人跟他们订购了一批建筑材料，临走留下一张名片，说下午去提货。建筑公司的业务员一见是大客户，请人吃了一顿大餐，谁知下午这人不但没有提货，而且居然死不认账。

后来两名业务员依照名片找到王喜的公司，想要问问到底是怎么回事，结果根本就是两个人，王喜的名片是被人盗用了。经理也终于弄明白这事情到底是怎么回事，严肃地批评了王喜："今后看清楚对方是什么人再发名片！"王喜一下子羞愧难当。

如今，为了扩大客户群，很多人都会发名片。可是，如果发放不当，很容易给自己带来麻烦，因此一定要注意。如果乱发，看到人就发，一旦误入不法分子的圈套、被心怀不轨的人所利用，很可能会给自己带来灭顶之灾。

不要将脏污或折损的名片递给别人

名片代表了一个人的商业形象，除了设计之外，保持基本的干净整洁也是相当必要的。如果对方接到的名片有污损、折损、涂改等情况，就会对你的印象大打折扣。与其让人看不起你，还不如不发名片，因此破旧的名片干脆就不要发。

参加完商会之后，马辉拖着疲惫的身子回了家。吃完饭之后，他要进行最后一项工作：整理名片。参加商会的时候，收集了一大堆的名片，他将名片统统倒在沙发上。

按照事先做好的分类，马辉将名片一张张塞进名片夹：经理级的、主管级的；汽车行业的、宾馆行业的……最后，他则会将一些有污渍的，或者折了角的丢到垃圾桶。

马辉很喜欢整理名片，因为这些名片确实为他的业务带来了不小的便利，可是对于一些脏污的或者破损的，他都会统统丢掉，因为他认为将这样的名片递给他人，是一种不礼貌的行为，还不如不送。

通过马辉的例子可以发现，人们都喜欢干净整洁的名片，而厌恶脏兮兮的。与其将脏兮兮的名片递给别人引起误会，倒不如不送。

如果自己的电话、公司地址、职称之类的信息有变动，一定要重新印制名片，不能胡乱涂改，这样既不美观，也会让人觉得你不够专业，有时甚至觉得你不够尊重对方。平时也要注意名片的保存，要放在便于保护、安全整洁的地方。如果确实手边没有整洁完好的名片，等待他日补送，或者礼貌告知也是可以的。

收到对方的名片要妥善存放

对于别人递送的名片，要双手接过，并即刻通阅一遍，不要太快，但也不用一个字一个字地读出来，大概浏览半分钟左右即可。如果有什么疑问，当下请教对方予以确认。此举主要是意在尊重，如果接过他人名片却连看都不愿意看，会给人清高自傲、不把人放在眼里的感觉。另外，将别人递上来的名片来回翻转把玩、丢弃在桌上、装进口袋、交给旁边的人，这些都是失礼、冒犯的举动，会让别人很不舒服。

情景1

接过客户递过来的名片，张女士小心翼翼地放进了自己的手提袋。之后，她便将自己的名片递给了对方。对方同样礼貌地读了读名片上的头衔，然后小心地放入包中。

情景 2

王威毕业后，应聘到一家售楼处当置业顾问。为了结识更多的客户，王威为自己印了很多名片，同时出去的时候也不忘向他人索要名片。可是，王威对于名片的收集也是有选择的，如果遇到没有购买能力的、职位低的，他就会将对方的名片放到一边。

这天，一个客户来到了售楼部，王威接待了他。在客户将要离开的时候，王威向对方索要电话，以便后来跟进。客户从兜里拿出一张名片，递给他。王威看了看，发现上面只有名字而没有头衔，便不屑地将其随手扔到了桌子上。客户看到眼里，没有说什么。

几天之后，王威发现这个客户被另一个同事带着看房子，他没有理会，因为他觉得这个客户没实力。可是，几天之后，他却傻眼了。因为，这个客户买了两套 120 平方米的房子，全额付款，共 200 万元。王威那个后悔啊！

情景 2 中，为什么这个客户不跟王威接触了，肯定是看到了对方对名片的处理。随便将客户的名片放到一边，是不礼貌的行为，是对他人的不尊重。正确的做法应该是像情景 1 一样处理。

认真阅读过名片后，要小心翼翼地放进手提包或者口袋里细心保存，切不可随意乱放。名片交换后如果要坐着交谈，要把名片摆放在面前的桌子上，位置一定要显眼，交谈的间隙再放进皮夹。特别应该注意的是，不要在名片上方置其他物品，更不能拿名片当便笺纸用。

不要无故拒绝别人索要名片的要求

在很多场合，不仅会遇到向人索要名片的情景，也会被人索要名片。如果别人跟你要名片，而你却正好没有了，或者不想给，该如何拒绝呢?

图书交流会上，很多出版社和图书公司都来了，做图书批发的周亮每次都会来这里寻找有实力的合作伙伴。

周亮一个场馆一个场馆看过去，看到有实力的出版社，就会给对方一张名片。当他走进一个场馆的时候，经验告诉他，这是一家新设立的图书公司，在这行做了五六年了，周亮的这点眼力还是有的。

对方的销售经理看到有人进来，急忙向周亮介绍自己公司的图书，周亮也是一阵附和。最后，对方拿出自己的名片递给了周亮。周亮看看，收起来。然后，拿出自己的名片夹，说："不好意思，没有了，我现在已经有了你的名片，如果需要我就直接给你打电话。"

对方的销售经理看着空空如也的名片夹，说："好的!"

不可否认，案例中的周亮处理名片的方法是正确的。如果对方向你索要名片，但你不方便或是不想给的时候，不宜直截了当地拒绝对方，要尽可能用委婉的语言表达。比如：可以这样回答："不好意思，今天我忘记带名片了，下次吧。"或说："实在抱歉，名片刚用完，还没来得及印。"同样，没有名片又不想造成尴尬的情况下，也可以这么说。

当然，如果名片确实是用完或忘带，要在致歉之后承诺改日补送，并切实做到。不然，对方会认为你根本不想给他名片。

在别人的名片上胡写乱画不礼貌

上个月销售业绩不太好，经理便召集大家开会。对于这样的会议，很多业务员都不想参加，因为对于自己业绩的提升一点作用都没有，做销售还得靠业绩说话。

张霞一边听经理讲话，一边想着自己的一个客户。如何搞定他呢？不自觉地，便将客户的名片拿了出来。放在笔记本上，一圈一圈地画起来，经理的话根本没有听进去。等到经理讲完了，她还在那里画着圈。

经理虽然离她有点距离，可是人家是站着讲话的，对于张霞的一举一动全都看在眼里。经理有点生气，走到张霞身边，突然拿起了那张名片。张霞正沉浸在自己的设想中，被经理突然打到，猛地站起来。

经理看到整张名片都被张霞涂得花里胡哨，便说："名片是客户的脸面，你在人家名片上画画，就等于在人家脸上画画！这么不尊重客户，怪不得业绩上不去。"

张霞有口难辩，可是这能怨谁呢？

名片之于个人，就像人民币之于中国一样——这就是脸面！日常保护还来不及，怎么能允许在上面乱写乱画呢？不可否认，张霞的做法确实不妥。

名片是用于介绍和保存联络信息的，不能把它当作便笺纸拿起来就用。如果遇到紧急情况，需要记下信息，或者传递消息时，最好是找一张纸，要么专门准备好随记纸条。便笺可以放在办公桌的电话旁，也可以随身携带一些，以备不时之需。

第八章　听声识人，打电话也要讲礼仪——联络礼仪

科技的发展让人与人之间的距离更近，电话手机等成为人们日常生活中必不可少的通信工具。人们使用这些通信工具时，彼此看不见对方，但这并不能成为礼仪缺失的借口。反之，无礼的言行会因双方相对隐形而在对方的意识里放大，给对方留下更坏的印象。

在合适的时间，给他人打电话

你是否有过这样的经历：当你在午间休息时，突然传来一阵刺耳的电话铃声？当你在下班前赶着做完手头的工作时，突然一个电话让你措手不及？当你在和朋友享受烛光晚餐时，有个讨厌的电话一直跟你聊到菜都凉了？……如果没有，那你有没有想过，有可能你就是电话里的那个人呢？可见，打电话选在正确的时间是多么重要。

电话是为了方便人们在任何时间进行交流，但什么时候打电话，不应该是自己说了算，要把对方放在首位：对方什么时候方便接听，我就在什么时

候打。

一般来说，一天中从早上 8：00 之后，到晚上 9：00 之前都是人们工作、学习、生活活动的时间，周末可以适当延迟到晚上 9：00 过后，但是周末早上人们一般不会比工作日起得早，所以电话也不宜太早。中午 12：00 ~ 14：00、晚上 6：00 ~ 7：00，通常是吃饭时间，这段时间内也最好不要打电话。最应该谨记的是，没有紧急的事情，千万不要在深夜打电话，“深夜电话”能给人造成怎样的惶恐和紧张，看看恐怖电影你就知道了。

此外，给相熟的人打电话，要尊重对方的作息时间，有针对性地选择适当的时间。

那么作为商务人士，在工作时间具体应该怎么做呢？

1. 以一周时间为标准

周一，每周第一天的工作日，通常都会有很多业务要处理，多数公司的例行会议都会在这一天开，尤其是上午，所以这一天大家都会很忙。要进行业务联系，最好避开周一，如果实在避不开，要尽量选择下午的时间，而且最好提前预约。

周二到周四，这是比较平稳的正常工作时间，一般电话业务也都放在这三天处理，多数业绩都是在这几天产生的，所以应该充分利用好。

周五，工作一般会在这一天作个小结，大多是整理总结性的工作。这天电话打过去，对方基本上会回复：“下周我们再来说这件事吧！”

2. 以一天时间为标准

8：00 ~ 10：00，这时人们刚刚上班，基本上都在忙着处理手头的工作，是无暇接电话的，所以不妨先利用这段时间，整理一下自己准备的资料。

10：00 ~ 11：00，这段时间人们大多忙完了早上的事情，工作节奏会逐渐放慢，所以这段时间打电话会比较合适。

11：30 ~ 13：00，这段时间是午饭和休息的时间，没有必要的事情最好不要打扰别人。

13：00 ~ 15：00，人们刚刚从休息的状态转换过来，精神会很烦躁，特别在夏天，最好不要在这段时间里谈生意，尤其是通电话。

15：00 ~ 17：00，到了这个时段，人们的状态又回到了工作中，所以这时打电话会比较好，业务洽谈也会比较顺利。

3. 不同行业有不同的工作时间

会计师在每月的月头和月尾最忙，不宜打扰。

医生在上午最忙，一般空闲时是在下雨天。

销售人员比较空闲的时间是 9：00 之前和 16：00 以后，还有雨雪天。

行政人员每天最忙的时间是在 10：30 ~ 15：00。

股票行业从业人员每天开盘的时候最忙。

银行工作人员，通常在 10：00 以前和 16：00 以后比较忙。

公务员上班时间都可以，但要避开午饭时间和下班前的时间。

教师的空闲时间一般都在下午放学后。

商业精英人士在每天 8：00 前比较空闲，但越是成功人士，他们的工作时间都要有所加长，即提早上班、较晚下班。

不可让电话铃声响的时间过长

“铃铃铃”手机不停地响着，可是郭兵还在吃着自己的饭。郭兵看了眼提示，是同学。这个同学的家庭条件没有郭兵的好，郭兵没好气地说：“大中午的来电话，还让不让人吃饭了。”妻子看到他这个样子，说：“快接吧，万一确实有急事呢?”郭兵听了妻子的话，只好拿起了电话。可是，等到他接听的时候，对方已经挂了电话。

郭兵又是一阵唏嘘，有点不高兴。这时候，电话又响了，郭兵凭经验知道，这种连着打电话的，肯定对方找自己有事，于是更拽了。妻子推了推他，他只好再次拿起了电话。

“郭兵现在在哪儿呢?”一接通电话，同学就大声嚷着。

“我正忙着。”郭兵找借口说。

“是这样的，刚才我在路上看到你妈了，老人在地上摔倒了，你快过来啊！地点在……”一听说是自己的老妈有事，郭兵急忙跑了出去。

生活中，这样的例子有很多。不想接别人的电话，可是很多电话正是和自己利益相关的。有时候，接电话晚几秒钟，让对方等着是小事，耽误了大事就得不偿失了。

接电话也有技巧，不能一听见电话响就马上接，最佳时间是在一声到三声之内，电话铃声大概可以响 3 秒，如果 10 秒钟以上还无人接听，就会让打电话的人很烦躁，而且也是很不礼貌的行为，会给对方留下不好的印象。

不要以“好心”的名义贸然替别人接电话

转接电话是打电话和接电话两者之间的重要桥梁，不只是转递个话筒、记个姓名电话就完事了的，因此电话转接也需要职业性的处理。

在清楚有效地转接电话时，一方面要给打电话者留下好印象，另一方面要给接电话者转述清楚，不能造成双方麻烦。该说什么不该说什么要把握好分寸。

1. 话筒拿着放下有区别

不少人接电话的时候，很注意自己的言语：“您好，请问您要找哪位？……好的，请稍等。”可是，一旦放下电话，就忘了对方还是能通过话筒听见，如果对接电话者说“不认识，是外地的”或者“是个声音很高的女人”时，对方一定会觉得你很讨厌。所以在转接的时候，也要用礼貌的话语转述，或者捂上话筒，保持隔音。

2. 电话记录要详细准确

如果在转接电话时需要留下对方的信息，应把对方的姓名、身份、找什么人、有什么事情和要求、在什么时候打的电话，这些都清楚地记录下来，并且妥善保存。很多人习惯用非常简单的字句来记录，有时甚至不记录，如果之后工作忙起来，就很容易忘记转达，或者遗漏信息，造成电话得不到及时回复。

3. 确认姓名时要注意用词

询问对方姓名的时候，避免用惯用口语询问，应尽量选择褒义词。比如：对方说自己姓孙，就不能脱口而出："是那个孙子的孙吗?"这就会让对方很不舒服。再如：一些生僻的姓氏，像"冷"、"井"、"屠"，不要张口就说，"是冷漠的冷吗?""是井盖的井吗?""是屠杀的屠吗?"如果把"冷漠"换成"冷暖"，把"井盖"换成"井冈山"，把"屠杀"换成"屠呦呦"是不是会更好呢？而且，对方的姓名、电话一定不能记错，要反复核对才是。

4. 不要轻易将接电话者的手机号告诉要电话者

在帮别人转接电话的时候，如果接电话的人不在现场，一定不能将他的电话告诉要电话者，特别是你不熟悉的人，不然有可能会影响接电话者的工作或生活。

5. 转接电话不能传闲话

如果你在转接电话时接触到了一些敏感问题，切不可就此八卦起来，不能捕风捉影，更不能随意宣扬。比如：最近某某下班经常有车来接，你恰好接到了一个陌生人的电话找某某，就算你心中怀疑，也不能到处传闲话。

要谨记，你的职责只是负责传话和转接，不能把你的猜测告诉第二个人，更不能企图偷听别人的电话内容。

几个电话同时响起时要分主次

有些从事过前台的人有这样的经历：手里的电话正在接听，旁边的电话也响起来了。这时该怎么办呢？职场中经常会遇到这种问题，这时必须要分清主次。

1. 不要对响起的另一部电话不理不睬

在职场中，即使你正在接电话，也不要对身旁的另一部电话不予理睬，这是非常不礼貌的。我们应该先对正在通电话的人说明情况，请对方稍等，再去马上接起另一部电话。

2. 不要让等待通话的人等太久

一方电话接起来，千万不能忽略正在等待通话的人，如果他等的时间过长，不但会对你有意见，也可能会耽误他要讲的事情。

3. 尽快搞明白后进电话的来意

当你接起后进来的电话时，要清楚这个必须放在次要位置。争取在最短的时间里，弄清楚对方打电话的意图，并告诉他你正在进行另一个电话，可以让他稍后再打。尽快解决这个之后，马上继续之前中断的电话。

4. 结束第一个电话后要及时回复后进电话

如果后进的打电话者同意过后再联系，那么当你结束第一个电话后，要在第一时间回复，说不定他会是一个重要客户，你及时回复就是找回了一个商机。如果自己实在顾不过来，让同事帮忙回复也可以。很多公司都会对接线员工有明确要求，无论何时，只要因故没能接到电话，都要尽快回过去。

通话中，不要扯着嗓子“高八度”

随着生活水平的提高，现在几乎人人手里都有一部智能手机。不管是商场、公交车、地铁还是电影院，人们随时随地都能接到电话。本来这是一件很私人的事情，结果有些人就偏偏很大胆，接电话时声音比天高，生怕人们不知道他家里发生了什么，周围的人都避之不及。

在公共场合高声讲电话，会给旁边的人造成很大的困扰，无论是打电话还是聊天，都会受到影响，无形中也扰乱了公共秩序。

在公交车或地铁上，有时我们会看到这样的情形：一个长相年轻貌美的少妇，拿着手机在玩，忽然电话打来，没接听几秒就开始破口大骂：“你干什么吃的！不是叫你去接孩子吗？怎么现在还没去？你是不是……”

同车厢的人纷纷看过来，少妇大声训斥老公的话，被人们听得一清二楚，她似乎完全没有“家丑不可外扬”的顾虑。少妇的大嗓门几乎完全盖住了报站声，有些乘客甚至因此错过了站。

很多人都不喜欢在公交车里见到这样的人，人们长时间地拥挤在封闭的车厢里，还要忍受大嗓门带来的煎熬，很容易让人心烦意乱，一些不必要的混乱和摩擦也因此频繁发生。只有安静、舒心的环境才更有利于人们的社会交往。

第九章　掌握简单的礼仪为沟通加分——沟通礼仪

沟通是一种有意义的互动历程，是传者与受者对信息的分享，是有来有往，双向的活动。沟通不是说给人家听，也不是听人家说。沟通必须是双方意见的交流，沟通是交流的桥梁。

请人帮忙，“请”字先行

不论生活中还是工作中，大事小情大家相互帮忙很正常，可也要分情况。有些人的忙，谁都愿意出力。但有些人一开口，却让别人犹豫要不要帮忙。这就是分寸造就的区别。分寸把握得不对，帮忙这个好事反而会影响朋友间的关系。

1. 要帮忙直接说

有些人总是觉得麻烦别人很不好意思，难以开口，哪怕最后说出来了，心里面都是一种胆小不大方的感觉。这样扭扭捏捏不直接的人，反而让想帮忙的人感到了厌烦。

有的人平日并没什么交情。一旦有事需要人帮忙，就跑过去开始套近乎，最后再假装转移到真正的目的话题。这种明人说着暗话，不光明磊落的人，更加让人憎恶。

其实，直接讲出你想请求帮忙比旁敲侧击的方式更有效。比如，可以试着说："不好意思麻烦一下，这个题目我不太清楚，等有时间你可以帮我梳理下吗？"这样我想没有人会拒绝你的。

2. 合理请求帮忙

对于和自己关系密切的人，也不要以为可以予取予求的指使，帮你并不是义务。有事需要帮忙的时候，要把原因说清楚，是真正的原因而不是托词。例如"我身体有点不舒服，想请假去趟医院，今天的生产订单，你能帮我安排下去吗？"

帮忙，是自己无法独立解决或者实在分身不暇的时候请求别人帮助。对于一些不合情理的请求，"我参加朋友婚礼，你替我完成下工作量吧"，"今天闹钟没响睡过头了，还堵车，你帮我先拖延下吧"，类似这样的借口又多又可笑，次数多了，也让人腻烦你，还怀疑你说的是不是真的。

3. 谅解对方的处境

最近公司业务比较繁忙，业务员小武又对设计员小惠说："小惠，这个星期六你应该没事吧，帮我赶一下设计吧，急。"小惠有点犹豫，脸色微难没说话。

同是业务员的小华转过头来说："小武，最近小惠下班后已经为你单独加班三四次了，现在你还要让她用周六日帮你忙啊？而且，公司里不止小惠一个设计员啊，你干吗总是找她啊？她上班加班的也是够辛苦了，周六日还得回家照顾父母，给弟弟补课，你也让她休息下吧？”

小武听了，脸上微窘：“哦，是这样啊，那不好意思了，我不知道这个，那我再去问下别人吧。”然后，就转身走了。

请人帮忙前也要先确认一下：是不是有时间，能不能帮得了，想不想帮，而不是不问缘由直接开口让人帮忙，给对方造成负担。在别人忙碌的时候，还在对方耳边喋喋不休说你的事，这会让人很厌烦。

再者，有人在一段时间里总是请人帮忙，一次又一次，影响了别人的正常生活和上班，增加了别人的负担，这样做不但没有感激，反而添乱了，请体谅一下别人。

另外，帮忙应该是别人力所能及的，合情合理的事，而有些人偏要别人做不在能力范围之内的，甚至违法违规的事，对于这样不明事理、不会体谅的人，不帮又有什么关系呢？

4. 借钱借物，好借好还

“借他的两千元钱虽然不多，但是这么长时间了，他连提都没提一句”，“借给他电脑用了几天，回来一看桌面上都是下载的垃圾软件和游戏，也没给我删”，“说好车借出去两天就送回来，到现在也没给我，还得我打电话催他开回来”……这样的话，经常听到。

朋友、同事之间由于生活工作的交集，借个东西属正常。像钱、车、生活用品等都被借过。借物前提是不能强求别人，而且在约定或者合适的时间里要物归原主。

5. 感恩他人的帮助

获得了帮忙，要及时言谢。对自己帮助很大的，或对方为帮你而产生损失的，要持着感恩的心表达谢意，甚至有必要时进行补偿。那种利用别人，帮忙前对别人异常殷勤，在帮忙后却当作什么都没发生，还装傻的人，是很让人心寒的。这样的人，下次如果再请求帮忙，估计大家都会避之不见。

6. 尊重说不的权利

情分上的帮忙是无偿的，但也不要觉得那是别人的义务。因此，如果人家真的无法帮你，也不要死缠烂打，没完没了，只会让人对你避之不及。

大多数不帮忙的情况下，是对方真的无能为力，或者身不由己，或者是被事情绊住了没空……如果对方说不，你就由晴转阴，只会让人觉得你很自私，只考虑自己的利益，这样的人，不宜深交。

既然不知如何开始，何不来一点寒暄

好的开始是成功的一半，这个开始就少不了寒暄。

寒暄是开场的序言，是交谈沟通达成一致的帷幕。言语通过交谈和接触了解，在人们活动中起着推进的作用，既是人们互相了解，增加感情的基本方法，又在市场经济飞速发展的今天起着传送信息、沟通情感的首要作用。要使寒暄和言语呈现出相同的作用，就一定要遵守相应的规则。

寒暄主要为了打破陌生的格局，拉近双方的心理距离，营造融洽的氛围，带动正式话题的开始。第一句寒暄语最好表达热情，关切，抵消生疏感。

1. 寒暄方式类型

（1）问候型寒暄。问候类寒暄的方法较繁杂，总结为下面几种：

先是礼貌地问好，像你好、早安 、周末快乐 、新年快乐等，这些新型问好方式已普及。以前从政从商的人交际寒暄时多说：“久仰！久仰！”表达想念的语句，像“好久没见你了，最近好吗?”“好想你啊，要不要出来聚聚?”等。

表达关心对方的问候，比如：“最近怎么样?”“看起来气色不错，要多出来走走。”“还吃得惯吗?”“新换的工作习惯吗?”也可以顺便问下家人的情况，孩子的学习等。

表达示好的问候，如“工作顺利吗?”“最近忙吗?”这些看起来是提问的交谈，可能对方并不是真的想了解你的日常生活，只是想表示自己由心而发的示好态度，听者就把它当成谈话的开场白回答，或者当作问候语不用详答，这只是人际交往的媒介。

（2）套近乎型寒暄。有句话说得好：“山不转水转，水不转路转。”人与人之间交往也是这个道理。在交际中，只要稍微留心，就能发现大家身边充斥着各种沾亲带故的关系“老乡”、“同事”、“校友”、“邻居”等。

从初见的寒暄到发现存在某种可攀认的关系，从一见如故，到一拍即合的时机。就如鲁肃和诸葛亮初见 ，诸葛亮这样介绍自己“我，子瑜友也”（子瑜是诸葛亮的哥哥）如此简洁的几个字，就打破了这两个谋士间的距离感。

而生活中以攀认来熟络关系的也很平常。“你也是在这个大学念书的啊?那咱俩还是校友啊!”“都是山东人，咱们在这里就算老乡了!”“你是他同学啊，我和他从小是邻居呢，大家以后都是朋友了啊！”这些例子表明，人际交往中，要善于寻找共同点和突破点，迅速消除陌生感。从情感上贴近对方，是很必要的。

（3）敬慕型寒暄。对于初见者表示敬仰、敬慕。像“我真是从小看您的作品啊！”“早就听说过您啦！”“你真是跟我想象的一样有趣！”“您最近又精神了！”“你好，您真苗条，是学跳舞的吗？”“你做的设计方案真是太棒了。”

寒暄客套的话要根据切实的场合、人物、情境和见面感觉调整，是灵活的，只为了让见面者舒心，放松，消除不安感。

2. 寒暄要注意这些

（1）真诚地去表达，得体地去表现。寒暄话用起来要令人放松，真挚，热烈，营造融洽的会谈氛围。忌粗俗语言和过分夸大的奉承。比如：“大名鼎鼎，百闻不如一见”、“您的到来让寒舍蓬荜生辉”，这都显得太虚假。

（2）寒暄语的使用，根据对象的不同，调整发言。日常交往中男女长幼有别，熟络程度各异，客套的语气、话题也应对应着调整。比如上下级、长幼间交谈，若前者是主人，则言语要使后者感到和蔼可亲；若后者是主人，言语要使前者感到被尊敬和敬仰。寒暄要恰到好处。

假如过去人们见面，可能会用“你怎么又胖了”作为客套话，可现在的人就不喜欢听到这句话了，这还当作寒暄语就不适合了。如果你夸一个国外女生“你好漂亮啊”，“你的身材棒极了”，她会特别开心，还要优雅地向你道谢，不过你要是敢这么夸一个中国女生，搞不好误会你是坏人或者有什么企图。

（3）场合不同，寒暄语也要相对变换。请求帮助时应体现出礼貌，可以说“麻烦您了”。迎接客人时要热心亲切，最好说句“欢迎您”。时刻注意场合分寸，有的人因为不分场合而闹出笑话，甚至让别人讨厌，比如：在厕所看到别人问“吃过饭了没有?”

当然，还有特别适用的问候语及感谢语，像“你好，打扰了!”“非常感谢你!”等，比较不挑场合和人物，可以大范围运用。

保持距离，给对方一种安全感

美国心理学家邓肯研究出的社交安全距离是1.2米。在公众区域，和他谈话的距离最好维持这个距离，太远感觉陌生，太近又有不安全感。

按礼节来说，与对方交谈时距离过远，会被以为你不想和他友好相处，这是不礼貌的。但若离得太近和人说话，一不留神可能口水四溅，这很令人厌恶。再者，有人喜欢近距离交谈，又知道对方可能被自己的口沫殃及到，就识趣地先捂住自己的嘴。这反而看起像“窃窃私语”，也不大方得体。综述，就是与人保持一到两人的距离是最有礼的。这样，不仅使交谈中感觉自然亲密，而且遵循了“人际交往安全距离”，对于大多数人，这是场很舒服的交谈。

交往时要控制“界域”。界域是指合适的距离，即双方确定自然舒服的距离，这距离得看双方的关系怎样，当然还受事件、环境、思想文化、个性和性别差别等影响。

美国文化人类学教授 Edward Hall 在他的书中提出了著名的四个空间距离：

亲密距离：45 厘米到零距离，是所有交往关系中最亲密的距离，通常是亲人、很熟的朋友，夫妻或情侣。

个人距离：45～120 厘米，可以伸手碰到对方，虽然认识却没有特殊关系。

社交距离：1.2～3.6 米，主要适用于礼节性或社交性的正式交往。

公众距离：3.6～7.6 米，适用于作报告、演讲等场合。

讲礼仪的人从来都不会说脏话

说脏话通常都在起伏的情绪之下，例如，愤怒、郁闷、兴奋、生气等。科学证实，说脏话占了日常语言的0.3%～0.7%，尽管比例小，但传达的情绪和影响却不小。说脏话没有身份之分，不管贵族还是平民。小说《鹿鼎记》里，一向高贵斯文的小皇帝也被鳌拜气得飚了一句脏话，“你爷爷的!”

人人都有爱美之心，但也不要忽视了，语言美也是一种美。人类是高等生物，越进步就应该越文明，要养成不说脏话的文明素养。

很多场合都能听到有人说脏话，甚至本地人更是肆无忌惮。还有就算在没有任何事发生的情况下，也有人说脏话，真不理解这是为什么。

说脏话应该被更正和摒弃。有时候走在路上，看到打扮时尚的男孩或妆容精致的女孩，正沉浸在他/她们的青春朝气中，送去赞赏羡慕的目光时，突然听到他/她们嘴里蹦出了脏话，好感被瞬间打破。

随着社会的进步，网络已经是最重要的沟通平台。除了日常规范“语言美”，也要注意网络文明，不说脏话。只是现在网络文明也是被各种不健康的信息所影响。各种报复、恐吓、侮辱的语言出现在帖子、微博、空间、论坛等，这严重影响了个人的形象、生活、工作等。

文明上网，不说脏话，做到双重“语言美”！这既是规范自己的生活准则，也是对现实社会环境的维护。

不要让自己的玩笑超过了可控范围

开玩笑能解压放松，智慧的人开玩笑，能让气氛更加轻松愉快，拉近情感，但玩笑真的不能随便开，不知厉害地去开别人的玩笑，结局只会让你想“哭”。

小刘是整个科室的专职司机，开车比较稳，人也勤快、会说话。但这次不知道发生了什么事，小刘被调到基层开车，不再服务于科室的领导们了。

小刘不明就里，很是郁闷。后来过了段时间，他才从别的同事那里打探到了科长换他的原因。原来，在一次长途出差中，科长上车不久就打起了呼噜，声音很大。坐在副驾的另一科员对小刘笑了笑，轻说了一句：“这家伙，睡的可真快！”

小刘正开车，转头一看也乐了，搭了个腔：“哈哈，睡得和猪一样啊！”其实，这只是个玩笑话，又是在科长睡着的时候说的。但科长虽然呼噜声大，却是浅眠，把小刘的笑话听见了。

看自己的司机也敢如此目无领导地嘲笑自己，科长觉得脸上无光，就找了个借口把他调到了基层，以后还能否回来，也不知道。

开玩笑一定要注意场合和对方的身份，把握尺度，上司就是上司，不要自恃平时的感情好而乱开玩笑，让他丢面子，特别是有别人在场的时候。

小周最近被邀约去参加大学毕业三年同学聚会，班级召齐了一多半人，小周觉得毕业后大家各奔东西，终于有机会可以聚一下，也是挺难得的。还有一个原因是，她得知大学时自己喜欢的同班男生小徐也在名单上。

当天，大家吃饭喝酒唱歌，好不热闹，那天坐在她右边的，是当初在学校就有“大嘴巴”之称的女生小文，小文不知道是喝多酒了还是怎么的，歌也不唱了趴在小周肩上，可能忘记了手里拿着话筒，突然对着小周说：“周啊，你的头皮屑咋这么多呢，白花花，和下雪似的，差点迷了我的眼，哈哈哈……”

这玩笑通过麦克风放大声音就散播出去了，当时同学们都笑得很大声，小周脸色涨红，生气地说：“关你什么事，怎么这德行还是没改，大嘴巴！”

小周如此生气的原因是除了大庭广众被开玩笑，也因为喜欢的男生小徐也随着其他同学一起笑了。后来小周也没有任何心情，早早就退出聚会了。

开玩笑要分人。假如对方是个敏感的人，你会因为一个小玩笑就触怒了她，从而影响两人的友情。在玩笑中一定要把握分寸，不要玩笑过了头。当然，哪怕不开玩笑，也不能得罪人，因为玩笑是用于生活的调味品。

在生活中，玩笑可能会调节当时的气氛，缓解不安尴尬的情绪，但也有可能让人陷入更愤怒的情绪。开玩笑一定要把握尺度和原则，那么开玩笑的时候到底要注意哪些细节呢？

1. 开玩笑要分人

人的性格各有不同。与大度的人开玩笑，对方就当个小笑话，调节下气氛，一笑置之；但敏感的人可能会觉得你的玩笑是在嘲讽他，和异性之间开玩笑要注意内容，不能是带有歧视性或者带有不健康性质的话题，这都会降低你的人格。

2. 开玩笑要分时间

开玩笑要看对方的心情。如果对方心情开朗时你开个玩笑，大家都笑一笑是无伤大雅的，还会觉得有意思，或者当对方不开心有情绪时，你开个有趣的玩笑，可能会把他从郁闷的情绪中拉回来。

3. 开玩笑要分场合

在图书馆、安静的餐厅等清净场合，不要开玩笑甚至大声笑，在丧事等悲哀庄严的场合中更不能开玩笑。

4. 开玩笑禁忌

有意义的开玩笑，一定是内容文明，幽默有趣，有内涵意义，禁开粗俗恶意的玩笑。一定不要拿对方的缺陷开玩笑，比如：不能嘲笑别人的生理缺陷。

别人讲话的时候，讲礼仪的人都会认真倾听

我们生来有两只手，两只耳朵，一张嘴，寓意大概是让我们多做多听少抱怨，乐于倾听别人是一种高尚的品德，因为这样让说话者感到了受尊重和重视，久而久之，他们会把倾听者当成可信赖的知音。

汽车4S店里来了一位西装革履的中年男人，销售员热情地迎了上去，问

客户需要什么类型的车。客户说自己的儿子刚毕业，在一家公司上班，但是公司离家远，每天上下班很不方便，他也考了驾照。客户停了一下还没有说完，销售员自以为大概了解了他的需求，就说："先生我知道您儿子需要什么类型的车了，请来这边。"

销售员一边说着，一边转身向客户介绍了一款中规中矩的中型车："这款车虽然不是最新款的，但却是这几年来比较畅销的，是公务员这类稳定上班族的最好选择，而且它的发动机特别好，声音小，车的稳定性也好，最适合您儿子开着上班了。"

这时客户脸色不悦，说："我想你不知道我想买的车型，你都没有听完我说的话，我后面想说的是，我儿子平日也特别喜欢旅游，所以他喜欢空间大的，车身线条好看，车感有劲的，不是这种看起来毫无特色的车，你只顾推销你的汽车，根本没想听我说什么！"

这里说的故事，是想告诉大家，生活中互相都需要倾听，不要听话只听一半。倾听不仅让你学到更多的信息，也能让对方获得尊重感，你尊重别人，别人才可能尊重你。

学会倾听，会让你的精神活动更加广阔，打破交际障碍。当你不再局限于自己的小天地，而是去和别人沟通，学习并倾听时，你会拥有更多的朋友，你会乐于交往。

倾听是一种礼貌，是尊重他人的表现，是良好修养的表现，更是对言谈者最好的鼓励。善于倾听，会赢得对方的信任、亲近。

每个人都想自己被尊重，那么当别人在认真地讲话时，请耐心专心地倾听，对方才会有被重视和肯定的感觉，双方之间会更加信赖亲密。

第十章　迎来送往用礼仪融洽感情
——送礼与做客礼仪

送礼要掌握好时机，逢年过节，亲友间你来我往，互赠礼品，以联络感情；同学、同事过生日或乔迁新居时，送去一份礼品，以示祝贺；接受别人帮助后，适时送一些礼物，表达感激之情；探望生病住院的友人时，送一束鲜花或送些水果、营养品等，以示关心；应邀做客时，给主人带份礼物，以表敬意。

送礼要投其所好，受物要保持风度

迎来送往，免不了要送礼受物，可是有些人却送得巧妙，有些人也能够受得合理，他们是如何做到的呢？

1. 送礼

中国人很讲究送礼，礼物代表了送礼者的心意，也是人与人之间沟通情感的纽带。从传统上讲，人们都会送实物作为礼物。但要注意重点在情谊，不管你的目的是什么，选送的礼物一定要投其所好，应是对方喜欢接受的，一味奢求贵就曲解送礼的本意了。

送礼之前，要先想清楚对方喜欢什么样的礼物，也要明确自己要送给谁、为什么送、送什么、谁去送、怎么送？要认真思考这些问题，不要自作聪明，胡乱送礼是会招人厌恶的。知己知彼，百战不殆。事前要做好充足的准备，询问或打听对方真实所需，否则最后被人家嫌弃都不知道。

2. 受礼

接受别人的送礼，是受礼人表示感谢的最好方式，也是对双方情谊的肯定。

很多人会在送礼的时候仔细斟酌，却忘了在受礼的时候也应该郑重其事，这不仅是对送礼人的尊重，也是一种必要的礼貌。

当有人宣布有礼物要送给你时，应该停下手中的事情，暂停和他人的交谈，站起身来面向对方准备受礼。在对方拿出礼物后，不要迫不及待地一把抢过，或是盯着礼物不放，要等对方亲自送到你手里才好，这样才显得有风度。

接受礼物时，无论大小，尽量用双手接过，最好不要用一只手接，尤其不要只用左手。同时要面带微笑，眼睛注视着送礼者。如果对方递过来的是礼单，这时应该从头到尾仔仔细细地读一遍。在一些隆重而正式的场合下，受礼者还要腾出右手，以握手礼来回谢对方的赠礼，如果礼物太大，放下即可。

除了手势，言语的感谢也必不可少，通常人们都会对礼物赞不绝口，但也不要忘记感谢送礼物的人。

除了简单的一句“谢谢”，感谢的话可以说得更动听些，让送礼者心里也很高兴。“让您费心了”可以表示感谢送礼人为挑选礼物花费的心血；“您还记得我喜欢这个”则可以对送礼人努力为你准备喜欢的礼物表示感谢。

受礼时的礼貌很重要，但也不能只顾推辞，总是说“受之有愧”这样的话会伤害送礼者，就算礼物真的不是你想要的，也要礼貌地收下并感谢。

过去中国人接受礼物后，不习惯当面拆开，如今随着思想文化的国际化，年轻人更愿意当场拆开礼物。如果条件允许，场地、时间和场合都合适，可以当场拆看礼物。不过在拆的时候要注意举止文明，不能胡乱撕扯，这既表示你爱护礼物，也表示你尊重送礼人。但有一种礼物不可当众拆开，那就是结婚礼物。

包装被拆开的礼物，要对其仔细观看并加以赞赏，之后要放在合适的位置，不可随手放在一边。比如：花束可以放在花瓶中，摆在显眼的位置。

如果对方送的是衣帽等礼物，环境允许的话可以试穿试戴，并告诉送礼者和其他在场者自己很满意款式、花色或者面料等。谨记不能拿别人送的礼物开玩笑，当然纯粹的恶作剧礼物除外。

情人节礼物，营造浪漫的气氛

情人节不仅是年轻人的节日，还是中年人、老年人的节日，因此只要一到这一天，生活中就会弥漫出一种暖暖的情爱意味。为了营造浪漫的氛围，很多人都会给自己心中的情人、爱人赠送礼物。可是，情人节送礼也是有讲究的，不当的礼物，不仅不会受到对方的欢迎，还会给对方留下不好的印象。那么，情人节该选怎样的礼物送给对方呢？

1. 迷人的鲜花

每个女孩对鲜花都有一种迷恋，如果你遇到的那个女孩子是温柔纯洁的，一束百合是最适合她的；如果你要追一个散发着高贵迷人气质的女孩，紫罗兰和郁金香是最佳首选；如果她像一个活泼可爱的人间天使，那波斯菊就是你的第一选择。

2. 文艺的情书

很多人都觉得情书是过时的礼物，其实它才是真正的撒手锏！一些难以开口的话，一些想要表达的言语，都可以透过文字走进对方的心里，给读信的人留下难以磨灭的深刻印象。虽然现在电子通信非常发达，但手机、电脑都没有一张有质感的信纸来得动人心魄，所以，如果你对自己的文笔和字迹有信心，不妨工整地写下来，这是任何电子邮件都代替不了的！

3. 让人心动的蜡烛

如果你觉得送花太老土；写情书太费时，那就试试“烛光攻势”。准备一些别有创意的小蜡烛，布置在一个地方，或者带在自己身上，重要的时刻给她一个惊喜，她一定会被你温暖的浪漫所打动。但前提是，你要先做好计划安排，以免到时慌乱无序。

4. 香醇的美酒

酒精是最适合制造浪漫气氛的，情人节让酒精来发酵约会气氛再好不过！不过酒不宜太烈，红酒即可。当然，还可以根据个人爱好选择其他类型的酒，比如：果酒、香槟这类口味稍甜的酒。总之，重要的是氛围的营造。

5. 亲密的接触

很多时候，情侣之间的“第一次亲密接触”都是从约会开始的，情人节更是一个天赐良机。因此，这一天一定要到户外约会，在更开阔的地方，女孩子才会更加放松和依赖你。另外在一些特殊场合，比如：过车流较多的马路、登山、观看恐怖电影等。牵手的机会随处可有。

6. 昂贵的钻石

如果你有足够的经济实力，钻石绝对是无往不利的情人节礼物。它代表了爱情的坚不可摧，最能向女孩子表达你的心意。如果你下定决心，愿意陪伴和保护你的那个她，就在情人节这天送她一件钻石首饰吧，这是最璀璨的爱情信物。

7. 浓情的巧克力

巧克力总是让人联想到“浓情蜜意”的感觉，这也是为什么西方人在情人节这一天，一定要送心爱的人一盒巧克力。巧克力甜甜的味道绝对能够瞬间俘获女孩子的心，不仅如此，巧克力还可以代表“我喜欢你”、“我的心里只有你”、“谢谢你对我这么好”等甜言蜜语。

参加婚礼不要出风头，要甘愿做绿叶

每个人的生活中都会有那么几次“别人的婚礼”，能够请我们参加的，多数都是亲朋好友的婚宴，虽然大家都是相熟的人，但参加婚礼也有好多注意事项不能忽略。一定要清楚，你去参加新人的婚礼，是为他们送上真诚的祝福，可不要因为不懂礼仪而给他们带来麻烦。

婚礼上最忌讳的就是抢新娘的风头，女士们要特别注意这一点。如今的婚礼形式更注重中西结合，新娘在正式仪式上要穿西式婚纱，敬茶和礼宾的时候会穿中式礼服，所以女士出席婚宴，最好不要穿白色、米色和红色的衣服；但如果你是伴娘，或者是新娘要求你穿的，当然可以。此外更重要的一点是，衣裙不要过于暴露，以庄重为宜。即使你比新娘漂亮许多，穿着和妆容都不能压过新娘。

不仅是女士，男士也应该注意，除去两位新人，双方的父母也是宴会的焦点。如果你不是新郎或新娘家的亲属，最好不要穿得过于招人眼球，故意抢两位新人的风头，或是关注度超过新人的家长都是不合礼仪的。只要装扮得体，不要哗众取宠。

当然，除了上面的，还有一些更小的细节是需要注意的：

1. 切忌衣着不整

婚礼对于一对新人来说是一生的大事，整洁的穿戴是最基本的社交礼仪，也是对主人的尊重。男宾可以穿西服和衬衫，搭配合适的领带。女宾如果只参加酒席，长裙、套装即可；如果要参加仪式，最好选择别致的套装，但不要佩戴珍珠首饰。一般婚礼仪式都要在教堂或寺庙举行，庄重的着装是基本的尊重。

2. 千万不要迟到

准时出席是参加任何大型活动的基本礼仪，婚礼尤其重要，新人尊重你才请你参加婚礼，如此重大的场合都迟到，是不尊重别人的表现。再说，结婚这么美好的时刻怎么能轻易错过呢?

3. 要重视着装要求

有些对来宾有着装要求的新人，会在请柬中特别标明，作为受邀者不能对此视而不见，应该予以足够的重视。要是对方要求穿晚礼服，你却穿了一套休闲装去，会让自己和新人都尴尬。再者，你不按要求着装，代表你根本不重视这场婚礼，你在别人心中的评价就会大打折扣。

4. 千万不要对新娘评头论足

婚礼既是一场宴会，也是一场仪式，在这样一个公开的正式场合，任何评论个人的行为都是不礼貌的，何况是新娘！而且说不定在你身边坐的就是新娘的朋友，也许你就是一句玩笑话，那也会很快传到新娘的耳朵里，不管你是新娘还是新郎邀请来的，最后他们都会把你从好友名单里剔除，得不偿失。

都说女人最美的时候就是结婚的时候，如果你在这个“最美的时刻”给新娘泼一头冷水，相信你周围的朋友也会认为你是个不懂礼貌的人。所以即使新娘真的不好看，也不能在大庭广众之下说出来。

5. 新人敬酒不要东拉西扯

新人敬酒时，都会挨桌走过，每桌的时间都不会太长，这时切忌拉着新人东拉西扯。要知道，不管你和新郎新娘有多亲密，他们要照顾的是婚宴现场所有客人，不要为了满足自己的个人痛快，聊个没完。新人敬酒是为了向来宾表达谢意的，千万不能说太多和婚礼无关的话。

6. 婚宴不是斗酒的地方

婚礼是一件大喜事，参加婚礼的来宾也想沾沾喜气，喝酒只是为了烘托气氛，可不是给斗酒的人专设的舞台。有时候只顾着高兴，忘了场合，其实微醺和喝醉仅仅是一线之隔，你是不是喝多了，旁人都能看出来。你多喝点，新人会觉得你是在为他们高兴；你喝多了，新人恐怕就要认为你是在闹事。

7. 别拿个人问题打扰新人

在婚礼上，切忌拿自己的不幸和遭遇说事，尤其是和婚礼毫无关系的小事。在婚礼上你只是被邀请的宾客，不是来串门拉家常的。有什么问题需要解决，婚礼过后再找新郎和新娘，切不可在婚礼上向他们哭诉。婚礼就是婚礼，可不能搞成闹剧。

8. 空手而来不礼貌

每场婚礼都是新人双方家庭的一大支出项目，不要把人家的婚礼当作免费的自助餐会，不带礼物、不给礼金，甚至连一张贺卡都没有，会让人觉得你是在蹭吃蹭喝。即使条件不允许送太贵重的礼物，也要力所能及地准备，起码要表达自己祝福的心意。

9. 带人也要看场合

什么前男友/前女友大闹婚礼现场的桥段，都是电视剧的情节需要，现实生活中这么做可就有些缺德了。除了这种有特殊关系的人，新人及其家人的死对头之类的人，最好也不要带，虽然新人邀请你时没限制你，但在婚礼这种喜庆的场合，还是不要随意携伴出席。

10. 别挑剔音乐和食物

新人家里操办这场婚礼要花费很多精力，况且他们不可能照顾到每个来宾的喜好，所以无论食物合不合你的胃口、现场音乐是不是你爱听的，都不要张口抱怨，你觉得是他们怠慢了你，旁人还觉得是你扫了人家的兴。

11. 一定要管好孩子

在婚礼这种场面比较大的场合，一定要看好孩子，一方面防止孩子受伤或走失，另一方面也要尊重在场的其他人。如果新人正在给父母敬茶，你的孩子却大哭不止，恐怕就不只是扫兴了，迷信一点的人还会觉得晦气。若是现场还有其他小孩，最好不要让他们在离开你视线的地方玩耍。实在不行找个临时保姆，让自己和他人能享受一场祥和的婚礼。

12. 洞房不要闹得太过

在过去，婚礼的必备程序中一定有闹洞房，现在有人把它拆分，放在婚礼的各个环节中，正式的仪式过后，总会有一些有趣的游戏捉弄新人，借由这些游戏将婚礼现场的气氛推至高潮，新人对这些是有准备的，但是千万不要提出一些让人措手不及的要求，太过了不仅会让新人尴尬，还会把现场的气氛搞砸。

寿庆祝福，使用合适的语言最恰当

说起祝寿，很多人都会想到“六十大寿”。没错，在中国，一般虚岁六十及以上的老人都要过寿，也就是俗称的“过生日”。这个生日一旦开始，年年不能间断，平年为小庆，凡逢十就要大庆。像七十、八十、九十这样的大寿，一般都要宴请宾客，农村更是要搭台唱戏、放映电影等。

凡是老人的族内子孙，无论儿孙子侄辈的，直系旁系连同媳妇、女婿，还有学生、徒弟等晚辈，都要出席贺寿，很多周围的街坊邻居也常常会备礼庆贺。富裕人家的寿宴更是气派，通常都要摆几天几夜。

其实，参加寿庆祝福的时候，有些礼仪也是需要注意的。

1. 选择得体的服装

寿宴是我国的文化传统，老人是最注重传统礼仪教养的，所以出席寿宴要知道穿什么才对，黑、白这两种颜色的衣服是绝对不能穿的，寿宴注重的是喜庆，千万不能选传统观念里忌讳的颜色，这样会显得不尊重老人。暖色调的衣服不仅有喜庆的感觉，而且明亮鲜艳的颜色和图案，也会给宴会增加热闹气氛。

2. 选择合适的寿礼

寿礼的挑选要特别注意，要尊重老人的年纪，选择一些寓意健康长寿的礼物，做工最好精细，包装要精美。具体来说衣帽、手杖这类实用性的礼物比较好，此外寿桃、寿面、生日蛋糕也很常见。除此之外，年龄较大的老人，他们比较喜欢寿联、寿匾这类带有传统文化气息的礼物。

给老人送寿礼时切忌送钟表类的东西，人们常常会把“钟”联想成“终”，对老人来说是不吉利的。而且要注意，送老人的礼物最好不要华而不实，简约、朴实就好，也不要送一些年轻人喜欢，老人难以接受或玩不转的东西，这对他们来说既浪费又没用处。

3. 做出合适的言行

在我国，一个人的寿辰是喜庆和吉利的象征，所以祝贺、颂扬是寿宴上的主旋律。不只是对寿星，对待其亲属和宾客也是这样。现场氛围一定要安乐、祥和，任何争论和摩擦都是不应出现的。

寿宴期间要注意饮酒量，不能酗酒，这是非常不礼貌的；携带小孩出席，要管好小孩，不要任其哭闹；行礼时，同辈间用握手礼就好，或者像影视剧中那样抱拳也可，晚辈向长辈行礼一定要行鞠躬礼。

总之，在寿宴上一定要精神抖擞、神采飞扬，既要风趣幽默，又要庄重大方。

黑色葬礼，庄严肃穆寄哀思

葬礼现场充斥的是悲伤浓重的气氛，着装无论男女，最好以黑、蓝等深颜色为主，男士可以在里面穿暗一些的衬衫，或者白色衬衫。安慰亡者亲属是非常必要的，但应注意举止要肃穆、收敛，不应号啕大哭。

吊唁者安慰亲属时的言辞也要肃穆庄严，不能对亡者和亲属不敬。说话时声音尽量压低，禁止大声喧哗、高谈阔论，行为举止更要轻缓稳重，这样才能体现吊唁者对亡者和亲属的尊重。具体来说，参加葬礼的时候，要注意这样一些礼仪。

1. 葬礼上的服装

不同国家的丧礼形式各不相同，按死者生前国家的风俗习惯即可，不同的宗教信仰在葬礼仪式上也有不同的规矩，可以向有共同信仰的人询问。但总而言之，女士参加丧礼时要穿正式的深色服装，不可穿戴艳丽的衣服和配饰，手帕不能有花，更切忌浓妆艳抹。

2. 葬礼上的礼貌

想要在葬礼上送花圈或花束，可以提前向葬礼承办人提出，或者交由花店代理。如果亡者亲属在“讣告”已经标明“敬辞鲜花”，就不必再送鲜花了。一般送花时会附带写有唁词的飘带，此时赠花者的姓名也要一并附上。

但要清楚西方人送花时一般都会选用鲜花，而非纸花。一些相熟的文人，也会通过挽联、悼诗或者悼文来纪念亡者。亡者的亲友都可以登门吊唁，也可留下帮助亡者家属治理丧事的相关事宜。但如果家属不愿接见亲友，便不应登门致哀。

一般来说，不带有宗教性质的葬礼，举办地就是普通的礼堂或墓地。这些场合多庄严肃穆，在场的吊唁者和亲属都会深思默祷，以致哀痛。西方葬礼通常更加静默，很少有失声痛哭的情况，为避免增加亲属的悲痛，吊唁者也尽量不要过分悲伤，当然勉强微笑也是不必要的。

慰问亡者家属时，说不说话都可以，可以一边握手，一边说“节哀顺变”、“请多保重”等话语。

葬礼进行过程中，不要紧盯着死者亲属，也不要和其他吊唁者聚在一起窃窃私语，更不可随处乱走、东张西望，一副漫不经心的态度，行礼时要诚挚、自然。

第十一章　宴请礼仪决定着合作关系的确定——宴请礼仪

参加宴会要讲究礼貌修养。应邀时要致谢，并将能否出席给予明确答复，不能出席要致歉。适时出席，不能过早或迟到，更不能提早退席。如需要和可能，可以赠花束或花篮。要按引导入座，随意入座的，不要挑挑拣拣。

中餐入席，须讲究座次

在中国的传统文化里，尊卑有序、尊老爱幼是基本的礼仪，虽然今天我们剔除了等级制的封建残余，但对人尊重、尊敬的礼仪文化一直沿用至今。宴饮桌具在变化，座位安排也相应地在变化。基本上讲“尚左尊东”、“面门为尊”是基本的餐桌座次礼仪。辈分最高者居家宴首席，辈分最低者居末席。

如果餐桌是圆的，家中的最长者应该坐在正对大门的位置，如果是请客，坐在这个位置的就是主客，依据“尚左”的原则，主客左手的座位为次尊，然后是右手边的座位，然后再按左右的方位依次排下去。如果换成八仙桌，面门而坐左手边为主席；如果桌子并非正对大门，则面东而坐左手边为首席。

若是准备大宴，排桌的次序也是有讲究的，首席要居前并且居中，主席左侧为双数席，右侧为单数席，来宾应根据自己与主客的亲疏关系和身份地位来坐。

在宴席开始之前，主人是必须要提前到场的，并在门口等待引宾入座。如果是来宾，只要遵从主人的安排入座即可。

通常在商务场合，自家公司的老板应该坐首席，客户坐在老板左侧；除非客户的级别非常高，老板要坐在客户的左侧。

懂礼仪的人都知中餐点菜的“三优四忌”

李梅应聘到一家公司做文秘，上班的第二天便遇到一个难题。公司要请客户吃饭，老板让李梅定个酒席。可是，具体该定哪些菜呢？

在工作中，很多人都遇到过类似的问题。不知如何点菜，不知道客户喜欢吃什么菜？其实，中式餐宴的上菜顺序一般是：冷盘、热炒和主菜，最后是面点、汤和点心，如果一席荤菜较多，餐后还有果盘和甜点。点菜时要注意荤素搭配，且要顾及到每个程序。

1. 优先菜肴

（1）体现中餐特色。中国特色的菜肴主要是在宴请外宾时选择的，比如：红烧狮子头、饺子、炸春卷、宫保鸡丁等，这些具有中国特色的菜品，是优先要考虑的。口味不一定符合每个人偏好，但外宾更喜欢尝到这些中国特色十分鲜明的菜肴。

（2）体现当地特色。当地主人宴请外地客人时，选几样家乡菜是最好不过的了。比如：到内蒙古就吃烤全羊，到西安就吃羊肉泡馍，到四川就吃火锅，到湖南就吃毛家红烧肉，不仅能体现地方特色的饮食文化，还可以给客人带来新鲜感。但是在点之前，最好先了解客人是否有忌口。

（3）餐馆特色菜。街边大大小小的餐馆到处都是，但每一家都会有一两道属于本家特有的特色菜。想要请客，到一家别具特色的餐馆，吃一道其他地方都没有的特色风味，正体现了主人的真诚和尊重。

2. 饮食禁忌

饮食禁忌非同小可，这不仅是个人口味习惯的问题，不够重视，就有可能造成不必要的误会和麻烦。主要的禁忌有以下四条。

（1）宗教禁忌。宗教禁忌非同小可，这点切不可疏忽大意。比如：大多数人都知道的，信仰伊斯兰教的穆斯林是不吃猪肉、不喝酒的；信仰佛教的僧侣是不吃荤腥的，这里的“荤”不只是肉食，像葱、姜、蒜、韭菜等刺激性的食物都不可以；佛教中信奉观音的信徒禁吃牛肉，很多港澳台和海外华人都有这样的宗教禁忌，一定要注意。

（2）健康禁忌。饮食对健康的影响也是我们应该注意的。比如：高血压、高胆固醇患者最好少喝鸡汤；心脏病、高血压和得过中风的人，不能吃狗肉；肠胃不好的人不适合吃甲鱼；患有肝炎的病人不能吃羊肉；等等。

（3）地域偏好。不同地域的人饮食习惯不同，点菜时最好能兼顾不同口味。比如：湖南人喜辣少甜，广东人则喜甜少辣。英美等西方国家的人，基本不吃动物内脏和头爪部分。而且在宴请外宾时，要减少带骨头、果核的菜肴，外国人的用餐习惯是很少将入口的食物吐出的。

（4）职业禁忌。一些特殊职位在餐饮方面也有职业禁忌，要特别照顾。比如：驾驶员不能饮酒；公务员在公务期间不允许吃请，即使是公务宴请，也不能喝烈性酒、不能大吃大喝。遇到这些特殊职业身份的人，要十分小心，不要给他人带来不便。

知道自己是谁，不要急着动筷子

民以食为天，中国人对吃是很有讲究的，不仅如此，吃相也是文化礼仪的表现。商务宴饮是国内商务活动中比较重要的一项，在人们越来越重视职场礼仪的今天，在商务饭桌上握手一般两三下即可，当然亲密的人另当别论。

吃，是商务人士的一门必修课。即便是吃饭这样常见的场合，文明礼貌同样不容忽视。

1. 不要互夹菜

在家中，互相夹菜是表示亲近的举动，但在商务宴饮这样的公共场合，反复劝菜反而比较不妥，更别提给对方夹菜了。你可以给对方推荐几道具有特色的菜肴，吃不吃由对方选择。如果不停劝菜会很容易让对方反感。

2. 什么时候吃

在餐桌上，什么时候吃饭也是有讲究的。不能在客人入席后就马上动筷，要在主人举杯，或说可以开始后再动筷，客人也不能抢在主人前面动筷。

3. 怎么夹菜

夹菜的时候也不能着急，等菜转到你这里再夹，隔着座位、站起身来抢着夹菜，是很不文明的行为，而且一次夹的菜也不应过多，吃完了可以下次再夹。吃的时候应该细嚼慢咽，切不可狼吞虎咽；最好不要发出声响，尤其在饮用流食的时候；也不要挑肥拣瘦，专拣自己爱吃的。这些不好的习惯都会让人觉得你没礼貌。

4. 如何拿餐具

拿用餐具时动作一定要文雅，碗筷尽量不要碰撞出声，夹菜时要小心，避免影响邻座进餐，更不能把吃剩下的骨头直接吐在桌上，喝汤时要小心，不要泼溅打翻。

5. 文明吃东西

嘴里吃着东西的时候，不要和旁边的人聊天，你可以静静地听着，等嘴里的东西都吃完了再说话。饭菜如果不小心掉在桌子上，不要再夹起来吃了，可以用餐巾纸包好放在一边。用餐时不能用筷子指着别人，也不能敲打碗盘。嘴里有碎屑不能伸手去抠，要用牙签剔，并且用另一只手捂着嘴。

6. 用晚餐也要讲礼仪

餐饮全部结束后，要将碗筷整齐摆放在一边，用餐巾或湿纸巾将嘴和手都擦干净，其他部位就不必了；即使你吃得很饱，也不要肆无忌惮地打饱嗝；主人没有离席或是没有示意宴席结束，客人不可以先主人离席而去。

劝酒也要把握度，否则会伤了和气

李爽是公司的职员，到公司刚半年。元旦期间，公司组织聚餐，李爽的特长得到发挥——不管怎么喝，人家就是喝不醉。老板很喜欢他，决定见客户的时候带上他。

这天，老板对李爽说，要带他去见一个客户。李爽看到老板这样器重自己，很高兴，打算一定不辜负老板的期望，好好喝。果然不出所望，李爽的酒量真是没得说，喝得对方心服口服。可是，这时候却出现了一个小插曲，让李爽的所有努力都白费了。

喝的时间长了，客户有点喝过了，微有醉意。可是，李爽依然不依不饶，非要和对方多干几杯。客户不好推辞，只好一一接过。就这样，一杯接着一杯，客户明显已经醉了，李爽却毫无醉意。李爽看到老板满意的样子，心里一阵窃喜。可是，就在他们离开餐厅的时候，客户猛地摔倒在地上。他们急忙将其送到了医院。

诊断结果表明，客户有心脏病，不能多喝酒。李爽一阵汗颜，差点就出事。老板也是一连几天没理他，哎！好心办坏事。

酒桌上都有这样的说法：感情深，一口闷；感情浅，舔一舔。虽然人们在酒席间习惯劝酒，但劝酒的细节还是多注意为好，免得伤了和气。

（1）敬酒人敬酒时一定要起身，两只手共同举杯。

（2）酒席间多敬一可以出现，但一敬多要避免，如果是领导，无可厚非。

（3）不碰杯的情况下，敬别人就要比对方喝得多，这就要看对方的酒量和态度而定。

（4）如果双方碰了杯，敬酒人是一定要干杯的，通常敬酒人为显大度，都会让对方随意。

（5）端杯的时候右手执杯，左手垫在底部，领导可以尽量抬高，一般人端杯的高度都要比对方低。

（6）除非有贵宾在场，敬酒顺序最好按顺时针一个个来，不能顾此失彼。

（7）敬酒和碰杯都要配合一些说辞，不然还是别敬为好。

（8）酒席间最好别谈生意，宴饮是个讲情面的场合，喝好自然就意到了，生意下来再谈自然会很顺利。

（9）如果遇到中途酒喝完了的情况，不要挨个倒酒，放在酒桌中间，需要的人自然会自己倒，不然先倒的人有，后倒的人没有怎么办？

切记：敬酒也有主次，绝对不可以胡乱敬酒，更不能喧宾夺主。这是对主人的不尊重，也是很不礼貌的行为。

多一些耐心，不要大声叫香槟酒

酒会上，王凯喝完了手里的香槟，向着远处的服务生打招呼："再给我来一杯！"声音刚落，人们的目光便纷纷投向了他。

不可否认，王凯的做法是不正确的！参加酒会口渴时，如果身边没什么饮料，千万不要像在海滩上一样向离你很远的服务生高声招呼，通常在这种宴会或者派对上，想要喝酒或者饮料一定要耐心地等待服务生自己过来，等他问你“是否需要一杯香槟”时再拿起酒杯，不然自己也可以优雅地走过去也不失礼。

香槟是来自西方国家的酒类，不同于中国白酒的豪爽不拘，喝香槟酒时应该注意的礼仪还是比较多的。

1. 正确开香槟

庆祝场合最常用的就是香槟酒，但除了那些烘托气氛的时刻，正常的开香槟的方法可不能来回摇晃，不然会很失礼，在拔出软木塞时尽量控制，不要发出很大的声响，这才是正确的开香槟礼仪。

2. 采用不同的手势

在品饮香槟和红酒时，因为酒本身的温度也会影响其口感，因此在执杯礼仪中，不同类型的酒，手势方法也不同。通常喝香槟只要用手指捏住杯颈即可，最好不要用手握着杯身，手的温度会使酒温升高，破坏它原有的味道。另外还应注意，任何时候都不要只抓着杯底，这是非常不文明的行为。

3. 不要留下唇印

很多女士在喝香槟和红酒时，都会不经意地留下唇印，在公共场合就显得颇为不雅。这里有一个小技巧：在下口之前，用舌尖轻舔一下杯口，再喝一口酒，唇印就不会那么明显。

4. 控制自己的酒量

在酒会上，要清楚自己的酒量，并要很好地控制住，切不可喝醉，不仅有损自己的形象，还会给他人造成困扰。

第十二章　懂一点礼数职场就会多一些快乐——职场礼仪

职场礼仪，是指人们在职业场所中应当遵循的一系列礼仪规范。学会这些礼仪规范，将使一个人的职业形象大为提高。成功的职业生涯并不意味着你要才华横溢，重要的是在工作中你要有一定的职场技巧，用一种恰当的合理方式与人沟通和交流，这样你才能在职场中赢得别人的尊重，才能在职场中获胜。

多一些谦虚，你会更加受欢迎

职场中，与人相交，谦逊一点，更会让自己赢得好人缘。

孔子携弟子周游列国期间，一边向各国国君宣传以德治国的政治主张，一边教导弟子要多听多学。

有一天，孔子和徒弟们来到一个地方，车在路上走着，忽然看见前面有个小孩挡在路中间。孔子下车走到他身边，看见他在摆弄一堆土块和碎石，孔子对他说："孩子，你不应在路中间玩耍，这样我们的车怎么走?"

小孩子看了看孔子，又指着地上的碎石堆问："老人家，您来看一看我堆的这是什么？"孔子低头一看，原来那孩子用土块和碎石堆出了一座城池的样子。

孩子见孔子不说话，于是又问："您看这不是一座城吗？自古都是车子绕城走，哪听说过城要给车子让路的？"孔子恍然大悟，最终反向幼童施了一礼，叫徒弟们驾车绕行而过。

弟子们都疑惑不解，老师为何要给他让路。孔子说道："这孩童小小年纪就识仪懂礼，我愧不如他，他应是我的老师。"

这个能让孔子视为老师的，就是 7 岁的小神童项橐。

谦虚礼让是我国的传统美德，像孔子这样的教育大家都谦虚地向孩童学习，如今我们多数都是受过高等教育的人，更应该懂得律己待人。但很多初入社会的年轻人不懂这个道理，经常骄傲自满、恃才傲物，得罪上司后也不知反省改正，只落得"壮士一去不复返"的下场。

初入职场的年轻人都要明白，个人能力很重要，但要懂得为人处世的方法，对待上司要谦逊有礼，即使他在专业技能上不如你，也不能飞扬跋扈，不把上司和公司的其他前辈放在眼里，至少他们的职场经验比你丰富。作为职场新人，以"学生"的态度处理职场关系和业务工作，才是端正的态度。

年轻漂亮的吴珊珊刚毕业就成为上海航空公司的一名空姐。期初和同事相处挺融洽的，但她渐渐发现同事们都开始"孤立"她。珊珊脾气一向很好，和同事们也没什么矛盾，但由于家庭条件不错，平时吃穿用的都是名牌，几千元的墨镜、几万元的包包，有时和同事们走在一起，显得特别扎眼。

珊珊很长时间都没找出原因，又不好意思主动问同事，于是就把心里的郁闷向男朋友倾诉。谁知男朋友的一句玩笑话，却让吴珊珊豁然开朗，"你每天这身装扮走在她们中间，多鹤立鸡群啊！要是你披个麻袋，肯定没人嫉妒你！”

这句话一下子点醒了珊珊，她反省了自己之前的行为，在工作中同事们就是队友，在一个团队里怎么能太出风头呢？谦虚、低调，和大家看起来差不多，才不会让人家看不惯你。

每个行业的职场新人都要讲求低调和谦虚，不要招摇过市，否则很容易招来他人的非议。

收敛锋芒，同事都会成为你的朋友

现在初入职场的年轻人，大多都是“90 后”的独生子女，在家享受惯了被宠爱的感觉，因为没有任何社会经验，职场上往往容易表现出年轻气盛的样子，殊不知正因为这样才给自己的职场生涯埋下隐患。

年轻人的朝气和冲劲是很多公司看中的，但锋芒毕露在职场里，永远是最忌讳的。职场新人应该把“初生牛犊不怕虎”的精神放在实际工作中，但在面对上司和前辈的时候，要调整心态、端正态度，不能任由自己的性子四面树敌。

初入职场，在学会做事之前，必须先要学会做人，你一上来就把自己当大拿，别人反而不会把你当回事。所以谦虚、低调，是年轻人在职场应该完成的首要任务。如果说职场如战场，那也绝不是对立的阵营，应该把同事当成战友才对。

过度的锋芒不仅会让同事渐渐远离你，也会让自己的工作环境变得糟糕，压力随之而来。你的根基不稳、同事不和、压力巨大，久而久之，你的工作就会受到影响。即使你的工作完成得很好，也不能趾高气扬。

知礼懂礼，流言也会不攻自破

身在职场，也难免遇到“八卦满天飞、流言四处起”的问题。无论是个人隐私，还是工作表现，难免背后会有那么一两个“碎嘴婆”。

如果让你不小心遇到了，该怎么办？你是该强力反驳，还是当面对质，抑或是不理不睬？面对那些流言蜚语，那些职场中的小报告，选择一笑置之还是以其人之道还治其人之身？

传统经验总结给我们的方法就是：清者自清、不予理睬，走自己的路不在意别人说什么。但很多时候，这样沉默不语，并不奏效，那么我们就必须用别的方法，将职场流言对自己的伤害降到最低。

22 岁的黄真，刚毕业就进入一家商贸公司工作。她人长得白净漂亮，还是个十分单纯的女孩，但没进公司多久，就被办公室流言卷了进去。

黄真的工作就是每天整理整理资料，给同事递个文件什么的，闲下来也会跟同事聊聊天，她发现在一起的同事都很热情，不管工作有多忙碌，都要在一起闲聊几句。黄真为了能尽快和大家熟悉，有时也加入他们的讨论中。

结果有一次，黄真发现同事们在讨论老板的不是，说老板其实是个吃软饭的，主要就是依靠太太娘家的势力。黄真虽然在旁边听着，但她知道他们这么说是不对的，可是自己刚来公司不久，也不方便插嘴制止。正在他们口若悬河、滔滔不绝的时候，老板从外面回来，怒气冲冲地走进了办公室。从那以后，老板对她的态度也不如之前温和。

黄真知道，老板肯定是觉得她也是背后说闲话的人，于是对自己的职场之路担心不已。但是她没有冲到老板面前解释，也没有再和那些说闲话的同事走在一起，反而在平时刻意同他们保持距离，午休时也尽量躲得远远的。

久而久之，老板看出黄真和那些说闲话的人不同，也不再对她冷眼相对。而对待那些没事就爱嚼舌根的下属，老板终于在忍无可忍之时，果断将他们全部辞退。

“清者自清”，并不是要默默承受、依然故我，而是要主动和流言划清界限。一旦发现自己被卷入流言，无论是否涉及己身，暴跳如雷、大吵大闹都不能根本解决问题。真正有思想有头脑的人，会清楚自己的立场并坚守不动摇，一味辩解带来的结果只会是越描越黑，冷静下来，远离“是非”，是非自然也会离你远去，你的职场之路才能走得更远。

人到哪儿，江湖就在哪儿。你避不开污水，但你要有本事不让它脏了自己的衣服。职场八卦总是让人防不胜防，尤其它总是会牵涉个人隐私。所以遇到职场的“八卦手”，必然要万分小心，对于一些捕风捉影的事情，不能一味闷不作声，适当的时候，也要用事实击碎流言。不然一旦“三人成虎”，再想澄清事实就晚了。

1. 切忌喧嚷，一定要冷静镇定

流言一旦出现，不要马上予以言语上的回击，这样就会让流言有机会继续发展下去。首先要保持冷静，安心做好自己的工作，不要让上司觉得你不负责任。另外，要相信时间的力量，并用实际行动证明自己，没有事实依据的流言自然不攻自破。

2. 消除误解，必要时主动出击

有时候，职场流言的产生，多是因为同事之间产生了一些误解。这时就不能坐等流言消散，你可以主动找同事谈心，将彼此的误会说开，这样在缓和了和同事关系的同时，流言也自然不攻自破。至于有关升职加薪方面的流言，对此就不必放在心上，做好自己的本职工作，更不要在背后议论，真正能受到上司青睐的，从来都是有真正实力的人。

表达不同意见，也要讲究策略

每个人的人生观、价值观都不同，产生不同的意见是再平常不过的了。在职场发生这种情况时，每个人的心态和处理方式都会不同，事情的结果也会大相径庭。但笔者觉得，还是尽量避免争执的发生，交换意见是为了让工作更有成效！下面我们介绍几种方法。

1. 不要把时间浪费在不值得争论的事情上

根据不同的成长环境、教育背景和生活阅历，很多人都持有不同的价值观，因而产生截然不同的意见。一个团队想要达成共同的目标，求同存异是必须坚持的态度。如果争执的事件对工作没有实质上的影响，诸如办公环境该怎么布置、卫生该由谁负责这样的小事，就没必要非争出个谁对谁错，这样不但浪费时间，而且有可能会耽误真正重要的事。

2. 每个人都有发表不同意见的权利

面对同一个问题，要有允许别人提出不同意见的雅量，如果双方的意见值得讨论，大家就坐下来详细阐述各自的想法，绝对不能不让对方说话。大家在一起讨论，目的是为了解决问题，不是辩论是非对错，剥夺别人发表意见的权利会让双方的情绪对立起来，造成情绪失控。

3. 发表意见对事不对人

很多人跟别人发生争执，都是因为觉得对方在跟自己对着干。这些人通常都很顾及面子，会认为别人提出不同意见，是在侮辱他。其实，当我们遇到一个问题需要讨论时，最好将所有的思绪都放在问题上，任何对解决问题有帮助的方法都可以提出，只不过提出的人不同罢了，这样想就会让自己理智很多，也会心平气和地参与到讨论中。一个人有限的见识需要广阔的胸怀才能增长。

4. “打倒”别人没意思

既然我们讨论时要对事不对人，那就更不能用言语进行人身攻击！只有缺乏自信的人，才会想要时时刻刻“打倒”别人。把对方当敌人的人，最终都会自食苦果，比如：愤怒时你的拳头会砸向镜子，虽然镜子碎了，但你的手同样会受伤。试想你对别人攻击，对方也会向你反击，无论双方实力如何，结果只能是两败俱伤。

5. 有错就要勇敢承认

争论时难免产生一时的情绪激动，也许你会说错话，但不要紧，只要诚恳地向对方道歉，对你和别人都是一种弥补。有勇气主动承认自己错误的人，证明他是心胸宽广的人，也就会受到更多人的尊敬和喜爱。

遵守会议礼仪更易赢得尊重

会议，是职场日常中不可或缺的重要沟通形式，会议虽分大小，但也要讲究礼仪。会议礼仪看似无关紧要，但稍不留心也会带来不小的麻烦，甚至还会给你和他人造成不必要的矛盾！

1. 保持会场安静

很多人都知道，开会前会要求与会者关掉手机，或者调成静音，这是为了不打断发言人的发言，并且保持会议正常进行的礼仪。试想，如果你正在台上发言，下面突然想起铃声，你是不是会觉得你没有得到尊重？

推己及人，每个参加会议的人，都应该自觉在会前关掉手机，若是怕错过重要电话，调成振动也可以，但一定不能影响会议进行，不能干扰他人。

2. 迟到后就近入座

多数情况下，会议都会要求全部到场再开始，但偶尔遇到急事或者意外，迟到也是不可避免的。如果会议开始后你才进入会场，应就近在门口附近找个空位来坐，千万不要随意在会场里来回走动寻找自己的位置，这样会严重影响会议进行，也是对其他与会者的不尊重。如果中途有休会时间，就可以回归原位了。

3. 喧哗吵闹要不得

保持会议安静是最基本的会议礼仪要求，也是我们必须遵守的重要的会议纪律。无论会议开在哪里，如会议室、展览厅、大会堂等，都不能高声喧哗和讨论，这样会影响其他人倾听发言。如果你对任何会议上提出的问题和解决方案有疑问，小声讨论，或者会下询问都可以。不是不能在会议上说话，而是要控制自己说话的音量，以免影响他人。

4. 打断别人发言不礼貌

对方发言时，不在中间打断是礼貌的行为，也是最基本的社交礼仪。允许别人完整陈述观点，不仅是对他人的尊重，还可以吸收更多信息，整理自己的思路。当然，如果遇到说起来滔滔不绝、不能控制话题时间的发言者，打断的时候也要选择合适的间隙，并表示出歉意："抱歉，我打断一下。"

5. 会议位次不能乱坐

一般大型会议都会按照来宾等级安排座次，正规的会议上更是会留出贵宾席，放置座次和席卡。遇到这样的会议，一定要先搞清楚自己应该坐在什么位置，对号入座，千万不能乱坐。

但是普通的会议没有这么明显的标识，通常是以左为尊、面门为上。也就是说，会议桌面门的位置是给最高职位的人坐的。当然每个公司都有自己的会议室，具体安排不尽相同，不用太过拘泥于同一形式。基本原则就是：职位、声望高，年长的领导尽量安排在前排；等级比公司领导高的来宾，安排在主座；等级比公司领导低的来宾，安排在领导就近的位置。

懂得“聆听”的人最受欢迎

很多新人刚一进职场，公司前辈第一句叮嘱就是：少说、多听、多做事。初入职场的新人往往对公司的事务和职场环境一无所知，基本上是个“小学生”。所以更多时候是以学习的心态在工作，因此多听多看才能学到更多东西，做起事来才会得心应手。

多“听”，可以知道客户要什么、上司是什么意思，才会知道自己该做什么；多“听”可以清楚自己该说什么、该怎么做，才不至于说错话，才能减少错误，提高工作效率。

李君在一家大型广告公司实习，经理很喜欢才思敏捷、口齿伶俐的小李，于是毕业后小李正式成为这家公司的文案策划。工作两年多，小李在公司收获了很高的人气，在公司里，他的话也越来越有分量，经理也有意要提拔他。小李觉着自己在公司有着举足轻重的作用，于是自己就飘飘然起来，给客户介绍起策划案来，也不再顾及经理的意见。

一个大客户和公司洽谈了很久，一直没有点头。经理在策划会上提出一个几经打磨的方案，虽然不算出彩，但各项都比较符合客户的要求。可是客户还没有表态，小李就对经理的方案予以否定，并把自己准备的方案提出来，而且毫不顾忌在场的经理，自己滔滔不绝地讲解起来。

最终，客户选择了小李的方案，但奇怪的是，经理换别人跟进这个项目。经理的说法是：小李脑子转得太快、想法太多，实际操作还是要找个踏实稳重的。没过多久，经理又将小李调到接待部，说是让他发挥最大的作用。但小李觉得这样自己的才华会无从施展，但若不接受就只能辞职。

人越往高处走，就越是不能忘乎所以，有句话说得好：心底无私天地宽。人在没有达到一定高度的时候，会看清自己的位置，知道自己该做什么；但一旦当他们走上一定的高度，就会忘记周围的人，只会看到自己的成就，只想着往更高的地方爬。

其实，这种骄傲自大、自以为是的心态不只小李有，每一个在职场摸爬滚打的人都有可能落入这个怪圈。你越是想要走得更高，就越要清楚自己的位置。

谦虚和谨慎，是职场人任何时候都不能丢弃的两大法宝。孔子云："三人行必有我师"，虚心求教、用心聆听，对自己没有坏处。别总是抢别人的话，时间久了，别人就不会给你说话的机会了。进入职场，倾听是一门必修课，学会听才能更好地沟通。那么，怎么才能让自己更容易去"听"呢？

1. 不要忘记微笑

微笑是最好的"倾听"，不管你的内心是多么的厌恶、无聊、激动甚至是愤怒，都不要忘记把微笑挂在脸上，诉说者在说的过程中，也许不需要你的回应，但他一定需要你的尊重，微笑就是最好的表达。如果你对对方的叙述毫无反应，即使你在听，对方也会觉得你根本没在意他！

不可否认，笑容是我们社交时必备的"面具"，遮掩自己的真实情感，可以让人们的交流更和谐，不会因为个人情绪而破坏氛围。所以，虽然总是保持微笑不太容易，但是我们必须坚持练习。

2. 纸笔随身带

把你听到的内容记录在纸上，会帮助你更好地理清思路，从而更准确地理解对方的想法，让你做出适当的回应。就算不一定需要立刻写下来，但你认真的态度，会让倾诉者感到你的尊重和重视。

3. 不光要听还要回应

如果你在倾听的时候，只是看着对方，时间长了，很容易让人怀疑你有没有走神。所以在对方倾诉的时候，适当地用“哦”、“嗯”、“原来是这样啊”作回应，表示你在认真倾听，并且对对方说的话很感兴趣。在听的同时，不要忘记整理思路，抓住话题的重点回问对方，对方通常都会为提出的问题作进一步的阐述。

4. 总结你听到的

当倾诉者的话告一段落，你可以把听到的内容总结复述一遍，看看自己是不是理解对了，如果有偏差，可以让对方再说一遍。这可以帮助你正确领会对方想要表达的意思，为接下来的行动找准方向，所以沟通是非常重要的。

第十三章　懂得礼仪也会为你的商务增添色彩——商务礼仪

随着商业活动越来越全球化，商务礼仪扮演着越来越重要的角色。商务礼仪已经成为现代商务活动中必不可少的交流工具。商务礼仪是人们在商务活动中，用以维护企业形象或个人形象，对交往对象表示尊重和友好的行为规范和惯例。简单地说，就是人们在商务场合适用的礼仪规范、交往艺术和价值典范。

讲礼懂分寸，让你在自我介绍时脱颖而出

社会的进步发展需要与外界交流信息，并从中获得更正、援助和支持。介绍是让他人对你进行了解，进而沟通并建立朋友圈的最直接方法，是今后能互相交流的基础。

在交际中，准确有效的介绍不但可以扩展个人的朋友圈，认识更多的人，还会让别人更了解你，以免在以后的相处中产生误解。

1. 繁简适度

面对不一样的对象，自我介绍也要判断是该简洁还是详细。一般来说 30 秒即可，最长不要超过 3 分钟，以简洁为主。当然如果别人想要更加了解你，除了介绍自己的名字、工作、职位，可以简单地聊聊家乡、学校、爱好、专业等。

还有，在自我介绍时，应该诚实地描述，既不要过分夸大自己，也不能不自信。介绍时也不要太武断自大，“极”、“绝对”、“非常”、“太”等都是不宜出现的字眼。

2. 态度要正

介绍自己时，一定要积极而不浮躁、亲切而不虚假，要斯文有礼，大方得体，不要自卑胆小，也不要矫揉造作，装腔作势。口气要温和，语调平稳，发音清晰。

3. 实事求是

介绍自己时要恰如其分、真诚有信，不能大吹大擂、言过其实。

4. 随机应变

介绍自己的方法也要适合当时的场合。比如：你被邀去参加一个晚会，迟到了一会儿，晚会开始了，恰好邀你来的主家又不在场，这时你可以走到大家跟前，这么说：“大家好！不好意思迟到了，我是 × × ×，在 × × × 公司担任销售主管。”如此介绍，别人就不会因为想认识你却不知道如何开口交谈了。

5. 巧用证明

介绍自己还有其他方式，更能加深别人对自己的了解和信赖，比如：献上自己的名片、工作证等身份证明。

使用正确的握手方法才能出效益

握手是交际中欢迎、合作、送客时经常用到的一个礼仪。

1. 标准握手式

站在离对方一米处，下身直立，上身微微前倾，右手除拇指外的手指合拢，然后对方相握，握手的力度适中，上下微晃三四下，再松手到原状。握手时，神情要真诚、热烈、亲切、随和，微笑注视对方眼睛，礼貌问候对方。

2. 握手的顺序

异性间握手时，女士先于男士伸手，若女士不想握手，只需点头示意或问候；主客间是主人先伸手表示诚意；长幼之间是晚辈要等长辈先伸手；工作中是下属要等领导先伸手。

几人之间都需握手时，要有次序地等别人握完再握。握手时神情端正，目视对方且微笑，握手时不要随意乱看或者不看对方，很不礼貌。当和军人握手时，先等对方行举手礼，再握手。

3. 握手的力度

握手时想让对方感觉你的真诚热心，可以稍微用力，但不能握痛对方。通常，不用太用力地握，一下就好了。男士和女士握手要温柔适度，国外人握手通常就轻握女士的手指，但关系熟悉的另当别论。

4. 握手的时长

按和对方的具体关系调整握手时间。第一次见面，3 秒是最合适的时间，千万不要长久握住异性的双手。哪怕是同性间握手，也要把握好时间，别让对方感觉奇怪。不过握手时太快就松手，对方感觉不被尊重、随意搪塞。

5. 握手的忌讳

戴手套、戴墨镜、手插口袋时都不要和对方握手。女士戴着作为装扮的手套时，可以和人握手。握手时要真诚专注，不要滔滔不绝地说话，过分谄媚或客套，谁都会感觉不舒坦。

与部分有宗教信仰者不能交叉握手。交叉握手会形成十字架的形状，在一些宗教信仰者来看，是非常避讳的。国际交往中，不能用左手与阿拉伯人、印度人握手，印度人觉得左手不干净。握手时请站立，因为坐着握手看起来很没有礼貌，不过长辈和女士除外。

握手还表达了人们欢迎来宾、达成合作、欢送宾客、祝贺等意思。

不要陷入为他人做介绍的顺序怪圈

在一些交际场合中，想要被认识甚至融入交际圈，可以自我介绍，也可以请别人帮你介绍引荐。

通常在认识一些身份尊贵者、长辈、特别嘉宾或者贵客时，都是由别人来介绍认识的。作介绍的人，通常是主人、双方朋友或主持人等。

在介绍这个过程中，如果你是较尊贵或者年长的一方，在被介绍给对方时，要主动问候示意，如“你好，小王”，“欢迎你，小李”等，这样对方会感觉到你的真诚。如果你是较低身份的一方或客人，当被介绍时，请不要主动搭话，如果对方愿意握手，你就同意握手问候，如果对方没有表示，礼貌问好即可。

在被介绍时，请站立面对面回应对方，长辈和女士不必强求。不过商务和晚会场合类，可以坐着回应，被介绍时可点头致意或近距离握手、远距离挥手问候。

很多时候，我们会介绍陌生的两个人去认识或者把认识的人引荐给另一个人。这种中间介绍，会让你拥有更多的朋友，获得更高的肯定和评价。这种中间介绍要也分场合和对象，一般公关人员是商务社交场合的介绍人，公司上级或老板是公司贵客的介绍人，交际比较广阔的主人就是日常社交场合的介绍人。

为他人做介绍的时候，要注意的事项有这样几个：

1. 介绍顺序

在介绍时，要清楚被介绍人的个人情况和条件，并且他们是否有想要互相认识的意愿，权衡下是否有介绍的必要，双方是否有任何方面的交集等，再随机应变。

介绍时有身份高低，长幼有别的规则，则是女士、长辈、已婚者、职位高者有优先知道对方情况的权利，比如：把职员介绍给经理，把学弟介绍给学长，把宾客介绍给东道主。

在介绍时，先称呼一下身份受到尊敬的一方，然后直接介绍另一方，再介绍身份受到尊敬一方。此种介绍方式的特点是“尊者在后”，来以示敬意。

2. 介绍人的行为规范

介绍人在履行介绍时，要保持轻松愉快的心情，亲切热忱的神态，语言明朗易懂。介绍时要使被介绍的双方有眼神的交流互动。介绍姿势应是掌心朝上，胳膊抬起伸向被介绍的一方，但不能用手接触人家的身体部位，更加不可以用手指着任何人。

3. 介绍人的引导

介绍人在介绍前应向双方表明一下，不要使人没有思想准备而无动于衷。介绍语的使用要明朗清晰，简洁易懂，且要加敬语。如果是在一些比较正式的商务场合，可以这样介绍：“尊敬的×××先生，请容许我为您介绍×××”“张总，这就是我经常和您说起的夏博士”。介绍时忌过分夸大某一个人，会让一方感觉不受重视、被冷落。

中国名字中，有很多复姓，如“上官”、“司马”、“欧阳”等，一定不要把复姓叫成单姓，既让宾客感觉尴尬，也让自己窘迫。双方互被介绍后，被介绍人应向对方微笑点头或握手问候，“你好，很高兴认识你”等，让对方感觉到你很想要认识他的意愿。

介绍人在介绍后，可以再和被介绍人言谈一会儿，帮助对方营造话题，可介绍双方的共同点，也可进一步引导双方谈谈自己的兴趣、工作、价值观等，等双方略微熟悉放松后，再离开。还有就是当双方在谈话时，一定不要随意打断话题或者另介绍人进来认识。

微笑，会让人感到更加亲切、安全

一个人的文化素养，既表现在整洁的外表，文明的言谈，规矩的举止间，也表现在面部表情中，尤其是笑容。当你被问了一个无聊的、尖锐的，或者很难回答的问题时，你可以回以对方一个微笑，这时他就明白不应该继续这个话题。微笑让人温暖，你很难拒绝一个对你微笑的人。

在一些国际大酒店或者比较高档的场所，服务人员有“八颗牙微笑”的工作要求，被接待的顾客会感到心情愉悦，甚至感觉在享受一顿美妙的午餐，这就是微笑的力量。因此，很多经营者都将微笑看成给顾客最好的见面礼，以此定下这个服务要求，以期获得长久的光顾。当我们受到了微笑的礼遇，也要回以微笑。微笑让人放松心情，消除陌生感。

在任何场合中，微笑是最有效的交流前锋。微笑不仅为你的魅力增添风采，而且还是一项低风险、高收益的“投资项目”。几乎没有人会拒绝他人的微笑，我们都知道这个道理，可是能经常微笑的人却比较少，从微笑中透露的温暖、信赖、礼貌，会让你的交际更顺畅。

微笑能拉近双方的距离，消除隔阂感，让沟通交流更融洽。当然，微笑也是需要掌握一定礼仪的。

1. 微笑的礼仪要求

微笑是基础礼仪。在日常交际里，微笑会让人感觉如沐春风、亲切温暖。

让人舒心的微笑，有其恰当的形成步骤：一是前额肌肉收紧，眉部上扬，放松眼肌；二是上脸颊收缩，颧骨略鼓起；三是笑肌收缩且稍微向下拉伸，唇部放松；四是嘴角上扬，嘴微微张开，不要露出牙齿。

微笑一定是从心而发，亲切自然，真诚地，热情地，以示自己的好意。微笑不只是嘴角动动，而是需要脸上所有的部位配合形成，僵硬、勉强、造作的微笑不必要。

真实的微笑，真情流露的微笑，谁都乐于享受，也会赢得别人的信赖。

如果精神状态不佳，受挫受打击，就感觉自己很不幸，一点也不想微笑，这是很不好的。尽管心里千般委屈万般无奈，也不要把自己糟糕的情绪传递给别人，要及时警醒自己：不开心是自己的事，不能因为自己的坏情绪而影响了所有人。

2. 这样的微笑不要

微笑虽是人际关系的调和剂，但也不能无所顾忌地用。

在商务洽谈等比较庄严的场合，不能有下面几种失礼的行为：

假笑：勉强的笑，皮笑肉不笑，使人捉摸不透；

冷笑：轻蔑、讽刺、不屑、无能为力的笑；

怪笑：奇怪的笑声，让人心生寒意，暗含恐吓之意；

嘲笑：取笑，讽刺的笑，看不起别人；

窃笑：背地里偷笑，取笑，落井下石；

奸笑：恶毒，怨恨，凶恶的笑，让人心生恐慌。

“笑一笑，十年少”。微笑是友好的体现，温暖的使臣，有礼的表现。在交际中，不论是朋友见面，还是点头之交的陌生人，你献出了笑容，也能感觉到别人的善意和热情。

商务座次有讲究，一步搞定

商务活动的时候，乘坐公务车是必不可少的，可是乘坐公务车的时候，也是有一定讲究的，忽视了应有的礼仪，会让客户觉得不受尊重。

1. 商务会议座次安排

通常，商务会议的座次会划分成两种：方桌会议和圆桌会议。

一般，会议采用方桌形式（椭圆桌也算在内），因为方桌能层次鲜明地分出主次。

安排方桌会议时要注意，假如就一位重要上级，就把他的位置安排在最靠里的地方，也就是方桌的短边处。如果门是参照物，最里面就是上级的位置。如果公司邀请另一公司的人来开会，就要分开两侧坐了，本公司人入座在桌子的右面，外公司的人入座在桌子的左面。

如果不想要这么主次分明的座次安排，可以安排圆桌会议。圆桌会议没有太多规矩限制，但以门为参照物，还是靠里的座位是主位。

2. 双边谈判座次安排

商务双边谈判时，多是方桌会议形式，双方分坐两侧，如果桌子横放（与门呈直角），以门为参照物，客方要正面对门，主方要背面对门；若是竖放（与门呈平行向），客方进门后在右侧落座，主方进门后在左侧落座。

主讲人坐于团队中间，其余人按职位高低，由近到远依次排座。但国际惯例与国内相反，一般以右侧为尊，若双方带着翻译，要落座于主讲人的右侧。

公务车的上座，身份不同，位置不同

身为商务人员，如果知道乘车礼仪，自己不会丢脸，也不会损害公司的名誉。都有哪些乘车礼仪需要注意呢？

甲公司的女经理准备来乙公司谈业务合作，于是乙公司也派出了一位女业务员去接经理，一起坐车回来时，女业务员没有任何避讳地和经理一起坐在了车子后面的座位上，大家就分不清接的是谁了。

这个女业务员不清楚乘车礼仪，混淆了上下级关系，弄出了个笑话。正确来说，业务员就坐在副驾驶座就可以了，这是对上级表示的礼貌。

国际乘车礼仪是：正驾驶座后面是首选，如果车在发生了交通意外时，正驾驶座后面所受的伤害是最小的，再次是离车门和窗户最近的座位，然后是后排的中间座位，正好是乘车时入座的顺序，毕竟中间的座位浏览视线不好，时间长了身体也会不舒服。最后才是副驾驶座。

你了解乘车时的入座顺序吗？以下列举一些乘车礼仪：

1. 乘车入座礼仪

送贵客坐车出去，要先帮贵客打开右后门，用手遮住车门上框避免磕碰到他们，也要提醒他们小心上车，等贵客入座后再关车门。

和上级同坐一辆车时，等待上级选定座位且落座后，你可以选个空座，但不能坐右边的座位。

到达后，自己先下车，绕到另一边帮上级打开车门，用手遮住车门上框，提醒其小心下车。

2. 常见车型的入座礼仪

（1）小轿车。若是司机驾驶小轿车，选座依次为：末排右，末排左，末排中，前排右，前排中间。

要是主人自己开车，选座依次为：副驾驶座，后排右，后排左，后排中，前排中最好不要安排客人坐。

如果主人夫妻开车，那就是夫妻坐正副驾驶位，客人夫妻坐后排，男人要照顾自己的妻子，帮妻子开车门协助妻子上车，自己再上车。

假如是主人夫妻搭乘友人夫妻的车，那就是友人和妻子分别坐前后座，也可以友人夫妻都坐前座。

主人驾车时，要是只有一个人在旁，就坐副驾驶座。如有好几个人，副驾驶座空了后，在后排的人要改坐在副驾驶座，这是最容易被忽视的礼节。

女士坐车不要先迈腿进去，更不能钻进车里。而是走到车门边，弯下身体，先臀部坐上去，然后把腿收到车里面，腿要合拢，不要叉着腿。

（2）小吉普车。吉普车选座依次为：前排右，末排右，末排左。上车时，位分低者先上后排，位分高者再座前排。下车时前排座的人先下，再是后排人。

（3）小旅行车。在安排旅游团队的车时，一般都是旅行车去接送游客。旅行车选座优先座是前排，然后是后排的各个座位，且每排右侧是最尊贵的位置。

另一细节是，轿车上的副驾驶座，是车上最有安全隐患的位置。所以，按照礼节，这个座位不要让给女士和孩子。但在商务活动中，副驾驶是为有些职位专留的，如助理、翻译、保安等随行人员。

3. 女士乘车礼仪

以女士为例，正确和错误的上下车礼仪。

（1）乘车时。

错误：上车时脚先进去，或者身体直接钻进车里。

标准：最优雅的上车姿势为“背入式”，要站在车门边，倒着弯下身体，先让背部贴近座位，臀部再落座，坐好后再把腿合拢收到车里，如衣服褶了就整理下，坐好，安全关紧车门（如果穿的是裙子，注意关车门时不要被夹到）。

（2）下车时。

错误：下车时双脚直接伸到车外。

标准：身体贴近车门，先迈出左脚落地，弯下腰身体移出车内，再收回另一条腿。（如果穿的是裙子，就要先把双腿迈出车门，再弯腰身体移出车内）。

第十四章　世界那么大，出境旅游也须知礼仪——出境礼仪

出境旅游必须掌握一些个人礼仪和注意事项，原则是“入乡随俗”。出境前首要的准备工作就是简单了解旅游目的地国家和地区的文化背景和习俗。如果能简单掌握几句旅游目的国基本的社交语言就更好了。

懂礼仪的人不会在候机厅大喊大叫

乘火车、轮船时，在候车室、候船室里，要保持安静，不要大声喊叫，这是出门旅游的最基本礼节。

农活忙完了，看到很多人都出去旅游，张红也想过过瘾，于是便和几个要好的同学联系，大家打算一起去海南旅游。几个人由坐过飞机的韩雪带队。遇到问题的时候，韩雪都会给大家解释说明一下。

按照时间，飞机是15：00起飞，为了不耽误时间，他们几个人在12：00时就来到了候车厅。张红第一次坐飞机，觉得很新鲜，不是看看这儿，就是看看那儿。韩雪一阵口渴，打算去买瓶水喝。问其他人要不要，要的话帮

着捎上。需要水的，都跟韩雪说了，张红当时不渴，便没有让韩雪带。

可是，韩雪刚离开，张红就想到一个问题，现在不渴，等会儿渴了怎么办？不如先买几瓶放着。这时候，张红便冲着已经走出百步之外的韩雪大声喊着："给我带两瓶。"韩雪听到声音，扭转过头。同时，人们的目光便齐刷刷地射向了她们。可是张红并不知道这些，又提高了嗓门："记住啊，3瓶！"

不可否认，张红的这种做法是不恰当的。如果大家都大喊大叫，那不乱套了。只有保持安静，才能不对他人造成干扰和影响。

在飞机场候车厅保持安静，是最基本的礼仪，也是国人素质的一种体现。飞机场，来来往往世界各地的人都有，旁人通过语言就可以知道你是哪个国家的人。记住，你代表的不仅是个人，还有国家形象。

上下交通工具时，依次而行

不管是乘坐飞机，还是乘坐轮船，抑或是公交车，都需要排队上车，如果大家都挤来挤去，不仅上不去，还容易发生危险。正确的礼仪规范是，排好队，依次而行。

北京房山的十渡是著名的旅游景区，每到四五月的时候，这里就会人满为患。有私家车的，个人开车去；没有车的，直接坐公交去。张翔住在房山，门口就有去十渡的公交车，可是他却不怎么去十渡，为什么？这还要从一次他的乘车经历说起。

那次，他带着女儿去十渡玩。去的时候，公交车上人还不多，大家也很有秩序，可是回来的时候就完全不一样了。公交车始发站，围满了人，抱孩子的，扶着老人的。只要一辆公交车过来，大家就会奋勇而上。年轻人身强力壮，很容易挤上去；而带孩子的，或带老人的，就上不去车了，即使上去了也没座位了。

好不容易等来一班车，张翔便带着女儿挤了上去，下车的时候才发现，女儿的鞋不知什么时候被挤丢了。从那以后，张翔再也不去十渡了。即使是其他地方，也专挑工作日去，因为那时候人少。

乘坐公交车，最重要的就是排队上车。排排队，大家都能上去；不排队，老人和妇幼就上不去了。而且，排队等车也是一种公共礼仪，一定要遵守。

前段时间，在网络上看到一则新闻：

火车到站了，但还没有停稳，一位女士便急忙下了车。结果，自己的裙子被火车挂住，她没注意，直接被拉进了火车道。

看到这则新闻，很多人都说，急什么？你就不能再等 1 分钟？就不能排队下火车？生命就在这样的疏忽中，消失殆尽。

不遵守上下车的规则，轻则会让人说自己不讲礼仪，重则会给自己带来生命危险，一定要谨记！

入住酒店要尊重服务员

入住酒店，我们该注意些什么呢？

每次出差的时候，周敏都会入住酒店。每次只要一到酒店门口，服务员就会过来帮她拿东西，周敏都觉得不好意思了，每次都要表示感谢。时间长了，周敏和门口的服务员都已经认识了。

酒店，尤其是星级酒店，服务生都是经过培训的；而且，酒店也是体现一个人综合素质的场所，因此入住酒店的时候，首先要尊重服务员。

按照惯例，客人入住后，服务员都会给客户送进一壶热水。张强入住酒店后，也受到了这样的待遇。初次体验到这种服务的他心中飘飘然。

当服务生将水壶送进来的时候，他向服务员提出了一项要求：让服务员帮他脱鞋子。服务员说："对不起，我们不提供这样的服务。"可是，张强就是不乐意，甚至还和服务员发生了肢体冲突："你不就是一个服务生吗？不就是为我们服务的吗？"

服务员感到很委屈，可是张强依然不依不饶，最后居然打电话进行了投诉。

案例中，张强的行为就是不正确的。工作无贵贱，服务生也是一种工作，你不尊重别人，别人怎么会尊重你！

入乡随俗，掌握一些给小费的礼仪

众所周知，给小费是西方礼仪中非常重要的一部分，一般说，当你得到别人的服务时就应该给小费。小费是入乡随俗的一种具体表现，出行前了解一些目的地的小费情况，可以让自己在旅行中更多一些自信与从容，免得唐突与尴尬而破坏了好心情。

但是，如何给小费，什么场合给小费，哪些国家需要给，给多少，还真让人感到有些烦恼。给少了，会被认为不够绅士、没有礼貌；给多了，又会被认为是土豪、粗鲁的暴发户。怎么办？下面就给大家介绍一下给小费的原则。

1. 餐馆给小费

快餐馆、自取方式的咖啡店、自助餐馆，通常都不用付小费。虽然有的餐馆也会在款台处放一个 TIPS 的盒子，但是否支付完全取决于买单者的心情，不支付也没人说什么。

正餐馆、有人服务的咖啡馆，有些国家则必须支付小费。比如北美，餐馆服务员基本上是没有工资的，完全靠客人的小费生存，一般需要支付 15% 左右的小费。德国、法国等大部分欧洲国家也需要付小费，通常在5% ~ 10%。很多时候，只将找的零钱留下做小费即可，但多付些，服务员会非常高兴。当然，也有例外，瑞士就不需要支付小费。

其他需要支付小费的国家还有泰国、菲律宾、印度尼西亚、印度等，但大多限于当地的西餐馆，本地餐馆可以不付小费。日本、韩国、新加坡、马来西亚、澳大利亚、新西兰、中国台湾地区则不需要小费。

通常，餐馆越高级，越需要付小费，小费的金额也越高。比如：中东遍地黄金的阿联酋和卡塔尔，有些高档场所的小费完全有必要超过 25%！

外卖送餐服务需要支付小费，欧美大多国家都是这个规矩。

2. 酒店给小费

行李送房、行李员帮忙提行李，大多数国家要支付小费，即使是中国。欧美国家金额大多在 2 ~ 5 美元，多无上限，取决于满意程度；其他国家则看当地货币的价值程度，比如：中国支付 10 元以上即可，而印度 50 卢比即可。

客房清洁服务，欧美国家需要支付小费，可以在床头留下 2 美元。此类小费应该留纸币，而不是硬币，如果留下的是硬币，不但不被接受，还会被认为是粗鲁、没有礼貌的表现。

3. 导游、团车司机给小费

团队的导游及司机，在欧美国家需要支付小费，大概金额是每人每天3～5 美元。同样，景点的导游，即使付过了导游费，也最好再额外付给导游本人一些小费，金额在每人每次讲解 2 美元左右。

旅游中，养成良好的卫生习惯

在网络上，只要一过节日，就会出现一些旅游垃圾制造的新闻，比如：

五一过后，海南海滩上，留下 3 吨的垃圾。

十一长假过后，北京长城上，到处都是饮料矿泉水瓶。

……

凡此种种，不一而足。

每次看到这样的新闻，我们都要问：为什么就不能带个袋子，为什么就不能自己清理自己制造的垃圾？虽然这种情况的出现和旅游景区管理不到位有关，但是国人自身的礼仪素质也是一个重要原因。

旅游景点是一个令人心旷神怡的地方，忙碌之余，出来转转，可以消除很多烦恼，可是如果青山绿水中到处都是垃圾，谁还会有心情玩乐？

旅游不扔垃圾是对自然环境的珍惜。今天，各景点，各种奇异别致的景观都让我们叹为观止、流连忘返。其实，这些景致无不凝聚人们的智慧与汗水。我们应该尊重别人的劳动成果，应该不给其他游客制造麻烦。

在天然的旅游胜地，有很多是刚开发的自然环境，乱扔垃圾的人越多，越会大煞风景，人们领略不到大自然的风情，只能看到树枝上随风飞舞的塑料袋、地上随乱可见的脏东西。如此，还有什么可看的、可玩的？

第十五章　一国一世界，打造自己的国际范——国际礼仪

很多人参加中外合办的聚会或餐饮时，总是热情地和中国人交流，却冷落了同桌的外国友人。这是不同的文化差异造成的。一般来说，外国人常讨论一些轻松的话题，例如天气、美食、体育新闻、旅行见闻或是国际大事；但是宗教、政治这类有争议的问题，他们是避免谈论的。另外，关于个人隐私的问题，更不能谈论，比如：家庭收入、子女、工作等。

礼仪之新加坡篇

随便你到哪个国家，都会遇到和国内不同的社交方式。我们先来看看，如果你到了新加坡，应该知道哪些有关礼仪文化的知识呢？

1. 服装服饰

虽然新加坡有一半以上的华人，但最有服装特色的是马来人，马来族的男子都会头戴一顶帽子，他们称之为“宋谷”，这种帽子没有帽檐，像中国

古时的平顶粮仓；他们穿的上衣没有领子，袖子却十分宽大；下身穿着及踝的宽松裤子，并在外面围着纱笼。

女子一般在上面穿着宽大的袍子，下身也穿着纱笼。一般华人女性穿旗袍的比较多。公司职员大多没有太严格的要求，但政府职员一定要穿工装，杜绝奇装异服。

2. 仪表仪态

新加坡人在日常生活中非常重视举止的文明，很多小事上都能体现出他们对别人的尊重。比如：站立时，要讲究个人仪态，身体要端正，不能歪斜倚靠，双手不能放在臀部，因为那代表发怒；坐着也有坐着的规矩，身体同样要端正，双脚不能分开，但将一条腿的膝盖叠放在另一条腿上是可以的。

3. 相见行礼

新加坡人在社交场合会见客人时，通常都是施握手礼。异性之间握手，要等女性先伸出手，男性才可以握。但马来人有些不同，他们习惯接触过双手后再收回到胸前。

4. 餐饮聚会

米饭是新加坡人经常吃的主食，包子也偶尔会吃，但吃馒头的情况比较少。马来人吃饭的时候用手抓取食物是礼貌的行为，在马来人看来这样更卫生，因为他们在日常用餐前都会将手洗得很干净。同时，需要注意的是，右手进餐才是符合礼仪的。茶饮也是新加坡人喜欢的饮料，他们也经常拿茶水来招待客人，元宝茶因为寓意“财运亨通”，所以更受新加坡华人的喜欢。

5. 红白喜事

和中国人一样，婚礼也是人生中的一件大事，新加坡的华人和马来人对这件事十分重视。和中国古代婚礼习俗相似，马来人在正式结婚前，求亲、送礼物、订立婚约都是必不可少的程序。孝道是新加坡华人最看重的，如果家中有老人行将就木，子孙必然要放下一切工作和自己的生活回家守在老人床前。新加坡人通常都会为死者举行很隆重的葬礼。

6. 商务会谈

圣诞节和华人新年是比较重大的节日，所以商务会谈都会避开这段时间，一般放在 3 ~ 10 月最佳。英语是新加坡当地工商界人士的官方用语，交换名片时可以采用英文印刷的。在会谈中吸烟是被看作不礼貌的行为。

新加坡的商务活动一般比较实际，不像国内多注重排场，他们更注重节俭、朴实，应注意举办答谢宴时不要超过主人的宴请水平，避免造成误会。

7. 旅游交际

在新加坡旅游，公共交通是比较方便的，每个公交车站都有明显记号。新加坡的商店和它的民族一样，分布很有特点。比如："马来市场"在新加坡东部地区，马来族特色服装和食品是常见的商品。很有意思的一点是，新加坡政府十分反对游客消费加付小费，如果你主动付小费给服务员，对方也不会接受。

礼仪之日本篇

日本虽然和我国相隔距离并不远，但礼仪文化上还是有些许差异的，尤其是一些禁忌要特别注意。

1. 语言用词

日本人说话时会忌讳像“苦”、“死”这样的字眼，谐音也是算在内的。在数字上，同中国一样“4”也是个不吉利的数字，但和我们不同，日本人认为“13”是个不好的数字，所以在他们的生活中，房间号、电话号、楼层，甚至是羽田机场的停机坪，都没有和“4”与“13”有关的数字。

在与人交谈时，忌讳对有生理缺陷的人大加评论，特别不能直接称呼其“哑巴”、“瘸子”、“秃顶”、“矮子”，通常遇到这些人要称呼“××不自由者”才是礼貌。此外，在特殊场合，一些特别字词也是不能用的，比如：婚礼上忌讳说“离”、“破”、“去”、“灭”，还有“重复”、“断绝”等。新店开业时也不能把“倒闭”、“盗窃”、“衰败”等词挂在嘴边。

2. 社交待客

每当有客人到访，日本人通常都是引导客人到会议室、接待室进行接待，他们不会轻易将客人带到办公室这种办公机要部门。如果你要到日本人的家里拜访，事先要提前约好。

进门后必须脱鞋，整齐地放在玄关处；进到主人家里，窥视厨房是非常不礼貌的行为。日本人一般不会把工作带回家，也不会请同事认识全家人，妻子也不会参与到丈夫的工作中。抽烟的日本人多数喜欢一个人抽，在日本人的待客之道里，没有敬烟这种习俗，所以这套就免了吧。

3. 穿衣打扮

日本人在穿和服时，都是左襟搭在右襟之上，只有在为死者穿衣时，才会相反。不仅如此，死者的一切衣着用品都要与生者相反，所以即使不穿和服，日本人也坚决不买右襟在上的衣服。

日本人在结婚时，新娘要穿全身素白的“白无垢”，将头面基本都遮住；新郎可以穿黑底的羽织。但一定要注意，新娘是不允许穿羽织的，因为在古代，女性只有艺妓才会穿那种衣服。

4. 送人礼物

日本人给他人挑选礼物，既不会像中国人这样选择最贵的，也不会像西方人那样选最符合主人心意的，他们反而会选一些毫无用途的东西作礼物，因为这样就可以随意转给其他人。

日本人虽然对礼物没有实质上的要求，但绝对不能带狐狸、獾的图案，因为那代表狡猾和贪婪。另外，菊花代表皇室，通常日本人也不喜欢带有这些标志的礼物。

5. 餐桌饮食

日本人吃饭时不会用舌头舔筷子，也不会用嘴含着筷子，更不会一边吃着一边说话，或嘴里的东西还没吃完就站起来，这些都是没教养的表现。不同地区的日本人，各家的饮食禁忌还会有所不同，比如：有的家庭在正月里忌食杂煮；而有些地方的村落不吃鸡肉和鸡蛋等。但比较特殊的是，日本人喜欢在吃饭或喝汤的时候发出很大的声响，因为这表示你觉得主人的饭菜很香。

6. 宴会礼仪

传统的日本社交是不流行举办宴会的，参加宴会的商务人士也不会携夫人一同出席。通常，在大型酒店举办的鸡尾酒会就算是商界的宴会了。宴会就餐礼仪，是不允许大声讲话的，也禁止边说边比画，更不能讲悲伤的事情和批评别人的话。

在举办红白喜事的时候，宗教、政治等方面的问题是禁止讨论的。若中途退出大型会场时，不要声张，不然会使主人不快。

7. 商业手势

中国人把拇指和食指圈成一个圈，一般是表示“OK”，但在日本，这个手势表示“钱”——也就是现金。如果你在谈判中点了头，那你就只能去准备钱了。日本人在表示愤怒的时候，就会用手抓头皮，这时你就要小心应付。

8. 禁忌颜色和花卉

神道教和佛教，是多数日本人信奉的宗教。他们忌讳绿色，也不喜欢紫色，因为日本人认为绿色代表不祥，紫色代表悲伤。在日本，荷花被认为是丧花，所以送花千万不能送荷花，淡黄色和白色的花是忌送病人的，山茶花也不行。日本人还不喜欢菊花，因为那是皇家的标志。松树、梅花、竹子图案，还有乌龟、鸭子都是日本人喜欢的。

礼仪之法国篇

隐私权是法国人极其看重的，所以和法国人聊天时，有关家庭和个人的问题最好不问，还要避免谈论金钱和政治。我们下面就详细说说法国人的习俗和禁忌。

1. 待人接物

法国人在社交方面和英国人及德国人大相径庭，特点有以下几个方面：

（1）爱好并善于交际。社交几乎可以成为法国人日常生活必不可少的活动，如果让一个法国人待在一个没有人的地方，对他们来说是没法生活下去的。

（2）浪漫和幽默是法国人的天性。很多人在接触过法国人之后，都会被他们的热情幽默所吸引，他们喜欢在社交场合高谈阔论，而且他们十分擅长开玩笑，不爱讲话和愁眉不展的人在他们看来是很难接受的。除了幽默，法国人特有的浪漫情怀也足以为外人称道。

（3）自由过度，缺乏纪律性。“自由、平等、博爱”是法国人写进宪章里的国家箴言，而且法国人也是世界上公认的“自由主义者”。他们不喜欢集体行动，虽然有法制约束，但日常行为中总是缺少纪律性。如果和他们相约办事，一定要提前约定时间，并且做好等待的准备。

（4）“国货”的忠实拥趸。法国人的自尊心很强，民族自豪感是其他国家都比不了的。无论是美食，艺术还是时装，他们都认为是世间最好的，当然为此他们也付出了很多努力。在法国，如果你要用英语问路，最好能先用法语问声好，这样他们会很热情地帮你。

（5）每个男士都应该是女士的骑士。不同于英国人，法国男士的风度体现在他们的“骑士精神”上，任何时候，女士都是他们保护和尊敬的对象。握手礼、拥抱礼、吻面礼是法国人最常用的见面礼。

2. 着装打扮

看看那些流行于国际的法国服装品牌，就知道法国人是多么讲究穿衣打扮。“巴黎式样”已经是时尚、流行的代名词。

法国人出席正式场合，男士的西装、女士的套裙和连衣裙是最基本的着装，灰、黑蓝色是常用色，质地以纯毛为主。

像带有仪式的这样的庆典类活动，男士要穿燕尾服、系蝴蝶结，西装也要穿成套的；女士要穿晚礼服或者小礼服，颜色不能太花。

不仅是穿衣，法国人还注重配饰搭配，如相应的帽子、首饰、围巾、胸针、鞋子等，都要保持整体着装的协调一致。

3. 餐桌礼仪

作为三大烹饪王国之一，法国的美食也是享誉全球的，法国人在用餐时也是十分讲究用餐礼仪的。

很多人都知道，面包和奶酪是法国人最爱吃的两样食品，在肉食方面，法国人也极尽所能地选择最鲜嫩的品种：鸡肉、猪肉、牛肉、鹅肝、鱼子酱，至于动物内脏、肥肉、刺骨鱼和无鳞鱼则是他们敬而远之的对象。

法国人的餐桌上少不了美酒相伴，几乎每顿饭都要喝酒，而且不同的菜肴要配不同的酒；除此之外，咖啡和柠檬水也是法国人喜欢的饮品。

在法国餐馆用餐，一定要注意自己的举止，要优雅轻柔，不能太着急，双手可以放在桌子上，但不可以用双肘支着，刀叉不用时，要将刀叉冲盘子里放，手柄露在盘子外。

4. 送礼习俗

法国人看重人际交往，更看重人际间互赠礼物，因此在送礼时也特别讲究。一般法国人会比较喜欢艺术品位较高的礼物，或是别具纪念意义的礼物，像带着商标这样商业化的礼物他们是不喜欢的，另外，刀、剑、餐具等礼物也不太合适。一般关系不是很密切的女士是不会送男士香水的。

如果有法国人送你礼物，你没有当面拆开，这样就会很失礼。

5. 风俗禁忌

除了鸢尾花——法国国花以外，很多花都是不能随便送给法国人的。比如：菊花、杜鹃、牡丹、水仙、金盏花，还有纸花。

公鸡是法国的国鸟，是勇敢、顽强的化身，也是法国的形象代表。与中国不同，仙鹤在法国代表愚蠢。

珍珠在法国是很受国人喜爱的。但核桃被认为是不吉利的代表。

红、蓝、白，是法国国旗的颜色，也是法国人最喜爱的颜色，他们忌讳的是黄色和墨绿色。

跟许多其他西方国家一样，法国人也认为“13”和“星期五”是不吉利的。

礼仪之韩国篇

韩国人在商业活动中，总展现出一副彬彬有礼的形象，那么在生活中韩国人有哪些社交礼仪和风俗习惯呢？

1. 社交礼仪

韩国人在见面的时候，除非是很正式的对外商务会谈，一般是不用单手握手的。通常长辈、上级先伸手，晚辈、下级才可伸右手握住，再将左手覆在右手上。孩子和女士在见到男士时，无论长幼，都是不能握手的，常见的是点头或鞠躬。韩国人在称呼上也不会直呼其名，多数时候都会使用敬语和尊称。有社会地位的人，别人在称呼他时会直接称呼其头衔。

2. 服饰礼仪

很多韩国人都会说英语，所以大部分社交场合中英语用得比较多，说日语就会让人很反感。韩国的服饰礼仪比较保守，无论男女，穿衣都应庄重，不应过于新潮。韩国传统服饰中，男性上身穿袄，下身穿长裆裤；女性上穿短袄，下身穿齐胸长裙。

3. 餐饮礼仪

辣味和酸味是韩国人最喜欢的口味。朝鲜冷面和大米饭是韩国餐桌上的主食，配菜有泡菜、人参鸡、烧狗肉、烤牛肉等。就品种来说，韩国人的食谱并不太丰富，多数人都不喜欢吃太油腻、太甜的食物，像肥肉、羊肉、鸭子等油性较大的食物，他们基本是不吃的，多数菜肴的口味都比较清淡。

在韩国，男人们的酒量普遍都不错，不管是啤酒、清酒还是烧酒，统统可以来两口，但女人大多不喝酒。韩国人吃饭时不喜喝粥，一碗清汤最佳。平时休闲时，咖啡和茶是最常见的饮料。

韩国人很重视环保，所以吃饭时用铁筷。餐桌上的规矩也是不能逾越的，吃饭要等长辈先动筷，不能用筷子指向别人，用完餐要将餐具整整齐齐放在桌面上。吃饭时不能大声谈论，嚼东西时也不能声音太大。韩国人宴请客人时，都要坐在矮腿方桌四周，主宾都要席地而坐。坐姿也应端正，切勿叉开双腿、伸直双腿或用手摸脚，这都是失礼的行为。

礼仪之加拿大篇

加拿大是许多人出国留学的首选，也是很多商业人士选择合作公司的优先考虑对象，那么加拿大人又有哪些我们不熟悉的礼仪习惯呢?

1. 衣着服饰

在加拿大，日常衣着多数随个人喜好而定。年轻人喜欢新潮、干练的服装，比如：牛仔服。成年人一般不会太在意款型，只要舒适就好。但在正式场合，加拿大人穿着很庄重：男士会穿深色西装，并打领结；女士穿正式的套装或礼服。

加拿大人的婚礼都要在教堂举行，男士需着深色西装并打领带，得体的便装也可；女士需穿庄重的衣裙，但不要太耀眼，更不能穿白色和米色的服装，因为白色是新娘的代表。女士的妆容应该淡雅，不宜太浓。仪式后的宴会如果不是非常正式，男士可以穿上下不同色的衣服，女士穿简单的套裙或衫裙即可。

在葬礼上，男士应穿整套西装，同时配黑色或素色领带；女士应穿款式保守的素色衣裙，不应佩戴首饰，更不应化过浓的妆，要表现出对死者的哀悼。

2. 肢体语言

在社交场合，加拿大人很注意自己的言行举止，常常会表现得很优雅。他们会和颜悦色地和你交谈，充满自信和礼貌。如果他们想向朋友介绍你，一定会五指并拢，手臂微向前伸，而不会单用手指指着你。他们讨厌那些喜欢抢话、习惯说话时用手顶人的人；也不喜欢你盯着他们看；更加厌恶不懂个人卫生，并且邋遢着出现在公共场所的人。“V”是加拿大人最喜欢用的手势，它代表胜利和满意。

耸肩也是加拿大人的标志性动作，当他们遇到难以解决的问题时，常常会做出这样的动作，表示无可奈何；还有当他们感到紧张时，也会把两手手指相互交叉，然后放在桌上，以缓解压力。

3. 见面礼

在加拿大，陌生人见面都会行握手礼，但面对亲近的人，会用亲吻和拥抱表示问候，同时还会说“见到你很高兴”等。

加拿大人很喜欢介绍自己的朋友给别人认识，尤其是向长辈介绍，介绍刚见面的朋友时，要按次序来。年纪较长和地位较高的先介绍，要让在场的所有人都认识，正式场合中通常都会连名带姓一起介绍。介绍时双方都要站起来，相互握手并自我介绍，声音要适中，表情要面带微笑。介绍别人认识时，要注意语音语速，切忌扯大嗓门高喊。

4. 加拿大的餐桌美食

加拿大地理位置偏北，气候比较寒冷，所以加拿大人更喜欢吃烤制食品。

加拿大人饮食讲究营养搭配，偏爱甜食，还极其喜欢八成熟的牛排。主食以大米、面食为主，副食有鸡肉、沙丁鱼、番茄、土豆、洋葱、黄瓜等。黄油和番茄酱是他们最喜欢的调料。加拿大人的餐桌上，总会有白兰地和香槟。餐后他们还喜欢吃一些水果，喝杯咖啡。加拿大人基本上不碰带有腥味的食物，比如：虾酱、鱼露、动物内脏等。

在餐桌上，男女主人先后落座，来宾分性别分别从主人的右手边入座，男女交错开。女士在用餐前要先将唇膏擦拭些许，这样可以保持杯口的干净。进餐时左叉右刀，用完后放在盘子边上，不能把自己的餐具放在别人的位置上。

咀嚼食物时不要发声、不要说话，餐后不要当众剔牙。优雅、标准的吃相是加拿大人推崇的绅士风度的体现。如果你被邀请参加家宴，赴宴时一定要准备一束鲜花，主人会体会到你的谢意。

5. 仪式礼仪

凡是基督教徒举办的婚礼，仪式都会在教堂里举行。牧师先为新人祷告，祝福他们的婚姻，新郎和新娘宣读结婚誓言，互换戒指，之后和来宾一同祷告，并唱赞美诗。婚礼现场，男性来宾（包括新郎）应坐在教堂的右边，女性来宾（包括新娘）坐在教堂的左边，最靠前的几排，是新人亲属及其朋友的座位。

基督教徒的新生儿，要到教堂“受洗”，牧师会抱着孩子，将他放在圣水中清洗身体，这是加拿大人十分看重的庄严仪式。得知消息的朋友，会马上打电话或送贺卡表示祝贺。

在加拿大，亲人过世后，亲属都要请牧师，到下葬的墓地做弥撒，在牧师祷告结束和亲友献花之后，死者的灵柩才会下葬。参加葬礼的人，都要轻慰死者亲属，或握手或拥抱，整个葬礼结束才能离开；如果没有举行仪式，也要在墓前静坐大约 10 ~ 15 分钟后方可离去。葬礼上要准备一束花，附上写着悼词的卡片，放在死者墓前，不能参加葬礼就将花束送到亲属家中。

6. 商务礼仪

加拿大人在从事商务活动的时候，自我介绍是放在第一位的，其次是递上名片。他们喜欢轻松愉悦的谈话氛围，你可以试着赞美他的着装，或者向他询问加拿大的风土人情，他们都会很高兴的。切不可提及年龄、收入这样私人化的问题。

商务活动中互赠礼物通常应选择精致的工艺品，最好有民族特色，包装要精美并附有送礼人姓名。如果在出席商务宴会时，邀请人在请柬上明确写到“请勿送礼”，此时应尊重对方，不宜带礼出席。

参加商务谈判要有很强的时间观念，根据对方通知的时间到场，不宜太早，稍晚几分钟没有大碍，但不宜迟到太久。在商务谈判场合，衣着要得体庄重，谈判期间切不可心不在焉，要集中精力认真倾听对方意见，不要随意打断别人讲话；谈判话题不要涉及宗教等敏感问题。

礼仪之美国篇

美国虽然被多数人看作是开放自由的国度，但其国人也有自己的风俗习惯，不管是留学还是移民，多了解一些美国人的习俗和礼仪是有必要的。

1. 说话要讲礼貌

美国孩子从小就被教育说话要讲礼貌，所以美国人即使是在自己家中，日常和父母、兄弟姐妹说话时，也会使用诸如“Please”（请）、“I am sorry”（对不起）这样的礼貌用语。

2. 见面礼节

美国人和朋友见面时，握手力度会很大，这样才礼貌，握手时还要面带笑容，身体微微前倾。异性握手时，男士要等女士伸手才能伸手。美国人说话时会有丰富的手势动作，如果他把手搭在你的肩上，说明他对你说的十分肯定。美国人介绍时，都会先介绍自己，然后介绍其他朋友的姓名、工作和爱好。

3. 尊重稳私

美国虽然是个思想开放的国家，但也十分注重个人隐私，新认识的朋友，不会问你收入和宗教、政治问题，这些对他们来说都是忌讳的。你最好也不要提起，更不能直截了当地问：“你月收入是多少？”或“你觉得谁可能是新任总统？”

4. 女士优先

在美国，问女士年龄也是令人厌恶的举动，如果你能主动为女士开门，乘电梯时主动让女士先走，或是在马路上让女士靠近里侧走，你一定会受到很多人的称赞，他们会认为你是个有教养的人。

5. 重德守法

在美国触犯交通规则是会遭到鄙视的，开车的人必须要遵守交通规则，胡乱鸣笛、闯红灯、超速驾驶，很有可能会被带进警察局的哟！在路上，车辆也是要礼让行人的。

美国人排队是绝不允许插队的，所有人得按先后顺序排队等候，遇到不守规矩的人，任何人都可理直气壮地说：“不好意思，我在这儿排着呢!”通常对方也会对自己的行为表示抱歉，也得排到在场的队伍后面去。

6. 穿衣服要分场合

通常美国人不讲究“以衣取人”，但场合还是要分的，在某个场合穿错了衣服，再有头有脸的人也会让人笑话。比如：户外野营，再有钱的人也是一身休闲运动装；但到了正式宴会，清洁工出席也必须是西服领带。所以，如果有美国人请你参加活动，要先问清楚是什么场合，不然很容易闹笑话。

还有一点要特别注意，“睡衣”在美国人的观念里，就只是在家里穿的衣服，就算你是到楼下取个快递，也不能穿这身行头出门。

7. 宴会气氛更重要

美国人周末都喜欢请好友到家里吃饭，女主人很早便开始布置用餐环境、准备晚宴食材，这样的家宴也许吃不到多么美味的东西，但每一件餐具都摆放得井井有条，菜肴也尽量丰富，他们更在意的是宴会气氛。女主人要在宴会开始前将一切准备妥当，开餐后再上桌是失礼的行为，所以女主人在宴会上更多的是和宾客寒暄。因此，参加美国人的家宴，晚到几分钟，也许女主人还会感谢你多给她时间准备！

8. 大人不要带小孩

美国成年人在交际应酬的时候，是不愿意带孩子的，他们通常会提前找好保姆，这些按钟点计费的 Baby Sitter 虽然会花费一笔钱，但相较之下还是非常合适的。

如果主人想要办一个亲子聚会，明确说可以带孩子去，那么一定要叮嘱孩子注意言行举止，要有礼貌，不能随便乱跑。因为美国人经常教育孩子，在外面要讲礼貌。

9. 礼轻情意重

太贵重的礼物美国人不是很欢迎，这让他们觉得会有压力。一些可爱的小礼物，如手工玩偶、植物盆景，或是一些手工饼干，都是女主人非常喜欢的礼物。不要怕拿不出手，只要是有心送的礼物，无论贵不贵重，主人都会愿意收下的。

10. 喜爱宠物

养宠物是美国人日常生活中特别喜欢做的一件事，尤其是狗和猫。但美国人自己家的宠物，一般是不喜欢给外人逗的，除非他们同意。美国人遛狗的时候，都会带着清扫工具；有责任心的主人，还会带自己的宠物做绝育手术。另外，在路上遇见导盲犬，千万不要逗它，要知道，它正在进行导盲工作，不要打扰到它。

11. 称谓和签名

美国人不喜欢加一些这样那样的称谓，所以他们日常都是称呼对方的名字。朋友、亲戚、同事、上级和下属，都是这样称呼。但如果上司先开了头，作为下属，不加上“先生”、“太太”这样的称谓，就不合适了。

美国人办事时经常要签名，一般只签姓氏和名字即可，称谓什么的就不用写了。

12. 别忘付小费

美国人都有付小费的习惯，吃完饭除了为你的晚饭买单，也要为侍应生的服务买单，通常至少要付账单金额的 15% 作为小费，如果是超值服务的话，就要付 20%。不止餐馆，理发店、旅馆、外卖，只要是产生服务的地方，就免不了小费。

13. 客人要体贴主人

美国人到别人家做客，事先都要打个电话，如果方便才会登门拜访，即使是亲戚也是这样，绝对不会做不速之客。如果主人不方便，也会如实相告，改约其他时间。

美国人多半会在家里铺设地毯，但他们进门后是不会因此脱鞋的，所以有客到访也不会要求他们脱鞋。和中国人不同，美国人反而觉得要求客人进屋脱鞋是不礼貌的行为。

美国人到亲戚家过夜，临走都会把被单、褥单和枕套都撤下，然后将床罩拉齐，用过的毛巾也会从架子上拿下来放在浴室地上。

礼仪之瑞士篇

对外交际中，瑞士人几乎给人的第一印象是稍显严肃且拘束。交流之初，他们还会对自己说的每一句话都斟酌推敲，看起来相当谨慎。其实，天性沉稳、委婉的瑞士人，也是比较擅长社交的。

与对方相处时间越长，了解得越深，他们大多变得越来越轻松且坦然。不要被瑞士人的初见印象所“骗”，其实他们情感丰富，幽默有趣，妙语连珠，只是平常为了面子和风度，特意隐藏了自己的个性。

与瑞士人会面，他们通常会与宾客握手行礼。和亲近的人聚会，通常也会点头或摘帽行礼。瑞士人与好友相见时，也有更亲昵的表达方式。例如，男性朋友间互行拥抱礼，女性朋友会与对方亲密贴面。

1. 衣着讲究

瑞士人对衣着打扮比较考究。他们觉得，一定要让自己的服饰装扮与身份相称，还得兼备时尚特色感。

以服饰为例，他们对颜色、样式、材质等都有个性的选择和诠释。参加比较肃穆的活动，瑞士人就不会穿着太绚丽明亮的颜色，因为不愿使自己显得不够沉稳、端正。除此之外，瑞士人不太喜欢棕色的衣服，他们觉得棕色有不稳重感。

瑞士人在政治和商业场合里，一般男士穿西服套装，女士穿套裙。地位显赫的瑞士男人，会精心搭配，穿三件套西装。而平日里，他们不是那么讲究，穿搭较俭朴、休闲。还有的瑞士女孩儿们一点妆也不化，纯素颜。尽管瑞士人的服饰风格相比起来并不潮流，可是他们特别在意款式合身，大方得体。

大多数瑞士人认为，一件服装的档次如何，主要看衣服材质选的是什么，尤其纯棉麻、纯毛这些自然无添加处理的面料，被他们认为是衣服里的高档品，相比之下化纤类面料就不为他们所喜欢，甚至觉得是低劣品。因此瑞士人很少买化纤类的衣服。

瑞士也像中国一样有不同的民族，也拥有独特的传统民族装扮，只是在重要节日时才会穿着。平日里瑞士人的穿着打扮是：男士穿宽袖衬衫外面套短夹克，下装穿长裤，女士多穿天鹅绒背心，丝质上衣，下装穿大裙摆的裙子。

瑞士人不常戴饰品的原因是：同衣服一样，喜欢纯天然的质地，要么不戴，要么只戴真货。因此市面上流行的人造饰品，他们大多不会去买。

2. 餐饮文化

瑞士人对于饮食并没有太讲究的要求，像大多数西方国家一样习惯吃西餐，面食类和米饭都是他们喜爱的主食；肉食上，大多数肉类还有蛋类都喜欢，也嗜好各种野味。

不要以为只有中国才有火锅文化，其实瑞士也有一种类似的火锅。不同于中式火锅用的汤锅，他们用的是油锅。

瑞士人平日也喜欢吃蔬菜水果，对于饮食的加工也精雕细刻，同样讲究“色香味形”。不过他们接待客人的宴席，却出乎意料地简单。比如：冷盘、汤、主菜、甜品各做一份，就是宴请宾客的全部菜品。有宾客来临时，他们还会用传统的招待方式——做干奶酪和鸡蛋糊欢迎宾客。

相对正餐来说，瑞士人愿意花心思在酒水上。他们大多会喝酒，甚至喝葡萄酒像喝水一样容易。因此平日里，他们喝啤酒、葡萄酒就像喝饮料一样频繁，也就不足为奇了。

瑞士人不喜欢肥肉以及动物内脏和很辣的菜。

在正式宴客时，瑞士人特别在意餐桌礼节。比如：在中国餐桌上比较常见的几种行为——吃东西、拿餐具发出声音，菜太烫了用嘴吹凉，和朋友讨论减肥话题等，这些行为建议不要出现在和瑞士人共餐时。

3. 习俗忌讳

瑞士人特别喜欢葱头，除了经常做成菜品外，还制成了能戴在身上的装饰品。

他们对除了猫头鹰以外的动物也很喜爱保护，这是因为在瑞士，猫头鹰是一种暗含死亡寓意的恶鸟。

瑞士人选色偏爱红、黄、蓝、绿、橙、紫等色，而且钟爱二重色。黑色则不被多用。

瑞士人觉得许多好事都与数字“11”有关，因此这个数字成为了他们的吉利数字，而避讳的数字一般有“13”、“666”和“星期五”。在瑞士，3 支花有浪漫的寓意，因此如果男士送花给朋友关系的女士时，是不会送 3 支的。

瑞士人非常具有公共道德，他们十分在意公共区域的卫生环境状况。像把衣服晾在外面，他们认为是很不文明、很没礼貌的行为。瑞士对于吸烟也有明文规定：在火车上，只能在红色车厢里吸烟，绿色车厢严禁吸烟。

瑞士人的社会公德也体现在公共场所的文明上，特别安静，不会随意碰撞旁人的身体。在他们看来，窃窃私语、温和而生动地谈论才够风度。

像大多数国外的忌讳一样，瑞士人也不喜欢与人谈论工资、职业和政治这些话题。如果你想和他们有话题，应谈论些体育、旅游、瑞士特色等，这些都是合适的。

在瑞士，法律规定同性恋可以结婚。

礼仪之泰国篇

相信大多数人都看过泰国影视剧，他们互相打招呼的方式，不是通常的握手，而是双手合十的手势。通常，年幼者主动向年长者打招呼问候，年长者再以合十手势回礼。不要用足部指向别人，这是非常不礼貌的。因此，和他们对着坐时，一定要注意这个细节，同样向别人指示东西时，一定要用手而不是脚。

泰国文化中，头部是身体的最高处。所以他们不允许抚拍头部这个动作，即使是好意的示好。如果你有观察泰国的社交礼仪，年轻人会特意在年长人士前低头，具体低至什么程度要看年长者的身高而定，就怕被认为轻视他人。确实，这是很难做到的，因此他们这样的勤勉是被尊重的。

公开示爱在泰国是不易被接受的。尽管你也见到过这里的青年夫妻牵手，但这只存在于思想前卫的社群里。

在泰国，发脾气并不在理，尤其是不分场合地撒气，想得到的就更加不可能得到，他们视这为低劣卑鄙的态度。当然，理智地沟通和控制脾气才是上策，那么想要的东西就容易到手了。

如果泰国人称呼你，却在敬语前加了你的名字而不是姓，像杰克先生或露西小姐，你会感到惊讶吧，这是因为，他们的称呼比较特殊，通常加发音“Kun”在名字前。多了解习俗且入乡随俗，能让你交更多的朋友。

1. 尊重王室

泰国人特别敬重整个王室成员，所以在泰国人面前批判王室是非常不可取的，而且泰国针对批评王室这个问题专门制定了法律法规，以“不敬罪”惩戒。所以游客在泰国的公共场合，碰到有王室成员出现时，最好持着基本礼仪，注意下别人的礼节，现学照做。

如果游客听到了泰国演奏的国歌，就要停止娱乐活动并保持安静。

2. 穿着装扮

泰国寺院是具有神圣不可侵犯色彩的地方，要衣着得体进入寺庙参观，穿背心短裤、露肩露背装严禁入内。去佛堂或泰国人家里时，客人要脱鞋，脚不能踩门槛。

3. 泰国女性

一般来说泰国女士较为保守，不要在没有征得她们同意前随意触碰她们身体。

4. 左手不洁

在泰国，左手被认为是不干净的，因此左手是用来取拿不洁的东西，如果用左手拿洁净的东西，会被诟病的。对于左撇子，平日里不作强求，但公共场所和正式场合下还是不允许，并且要求递物品时必须双手献上，用左手就是不尊重别人，如果实在没办法只能用左手，要先致歉“左手，请原谅”。在泰国，吃饭要用右手。

5. 脚掌不洁

在泰国，左手被认为不洁，脚掌也是。在坐下时，不要把脚放桌子上。以脚尖示人或者把脚掌对着佛都是会被斥责的。泰国人觉得脚是低贱的，除了走路，不能干别的，一定不能用脚踹门或者指示方向等。坐的时候不能脚对着别人。女士入座，更加有规范，腿要合拢，不然就是无礼、没修养的表现。

6. 公共场合之不要

在泰国的公共场合，不能有搂抱、接吻这些被认为损害城市风貌的行为，也不尊重泰国的风俗。还有，裸体晒日光浴只能在规定的海滩，在别的地方会被指责，虽然这并不违法，但不符合泰国人的佛教信仰。在泰国，异性之间要保持距离，哪怕是正常的社交活动，也不能随意触碰身体部位。

7. 其他禁忌

在泰国，人死后会在棺材上用红笔写上姓，因此他们避讳用红笔写字。他们喜欢红色和黄色，忌讳褐色，而且喜欢用色彩过一个星期：红色代表星期日，黄色代表星期一，粉红色代表星期二，绿色代表星期三，橙色代表星期四，淡蓝色代表星期五，紫红色代表星期六。他们还会根据日期，变换衣服的色彩。现在多用黑色办丧礼。

人们日常生活的地方，像门、房顶严禁挂衣服，尤其是内裤袜子类。

个别农村那里，不要夸赞人家的孩子可爱好看。

泰国每年的十二月月圆都会举办水灯节，这个时候会非常繁华。在游玩时请注意，不管看到了多么精美漂亮的水灯，一定不能捡起来，不然会被严酷地惩戒。

不能讨论的话题：前面提到的王室家族，政治问题等。泰国人注重私密性，哪怕是好友之间，也不能随意询问个人情况。如果无意犯了这些忌讳，要微笑着双手合十，说“对不起”。

不能穿着鞋踩泰国人的家门。哪怕主人已经坐在地上等你了，也一定要脱鞋进门。把腿曲放在臀部下面且盖住脚，不能露出脚底。

泰国人喜欢的礼物是食品、糖等，最好是有精美包装的，要记得用右手递出。泰国人送的礼物最好不要当面拆开，除非他们有要求，且在接受礼物要双手合十以示谢意。

8. 宗教禁忌

泰国人的好客有礼一直都很出名，不过如果不了解泰国的一些禁忌，可能会引发当地人的情绪，乃至激烈敌对。入境问俗，绝对有必要。

泰国的佛教在当地很神圣尊贵，哪怕是国外游客，如果有任何亵渎的行为，可能会因此被拘押。泰国佛教的注意事项：

参观佛寺，请保持衣冠整齐，不能穿背心、短裤、较暴露的衣服、拖鞋等进入，至于衣服没塞到裤子里、裤管卷在腿上的人也禁止入内。

不能穿鞋进入佛堂，这在泰国是污染佛殿的行为。游人若是对佛殿里的和尚或者任何摆设言行不慎重，会被认为罪大恶极。

不要攀爬到佛像上拍照，不能摸佛像，不攀爬佛像。佛像前要行为规矩。泰国人视身体下部是轻渎佛像之处，因此佛像不能装到裤子里。不要指和尚，更不可以触碰到和尚的身体。特别是女士不准与和尚握手，乘车时不与和尚比肩而座，哪怕和尚主动问候，也要注意距离。

女性不能直接与和尚有身体任何部位的接触，因此如果有物品想献给和尚，最好拜托男性帮忙转交；若是一定得亲自送出，和尚会手上垫纸巾或其他，再接受女性奉上的物品，和尚和女性间不能有身体接触。同样如果是遇到女僧侣，男性也不能触碰到她们的身体。

如果遇到化斋的僧侣，一定不可以送现金，这会破坏僧规。在阳光下遇到僧侣时，要避开僧侣的影子。佛教有言，僧侣的影子就是本人，踩到她们的影子，就相当于踩踏了僧侣本人，这是不尊敬的行为。如果想给和尚拍照，要先取得他们的允许，事后表示感谢。

泰国有保护宗教的法律规定，如果触犯了宗教信仰，哪怕不是有意的，也可能会受到侧目、指责。参观清真寺时，要脱鞋入内，且男性要戴帽，女性穿长裤长裙类，头发也要用头巾包裹扎好。

礼仪之意大利篇

到意大利旅游的时候，有些礼仪需要注意！

1. 衣着礼仪

在重要场合下，意大利人普遍穿着西式服装，他们很在意衣冠整齐，爱好搭配三件套西装。举办结婚典礼时，新娘喜欢穿着黄色礼服。在其他一些节日里，经常会有热闹隆重的化装游行，所有人都会想方设法地打扮自己。

2. 仪态礼仪

意大利人在交谈时，至多会保持三四十厘米的距离，也会贴得很近，他们喜欢亲密无间的说话。但他们在说话时有旁人盯着看，将被视为不礼貌的行为。

3. 见面礼仪

意大利人以名在前、姓在后而组成名字，除了姓名外还有教名，是出生后洗礼时，教父给起的名字。女性婚后多用丈夫的姓。陌生的意大利人间的交际礼仪也是握手，而遇到熟人会招手问候，遇到好友会迎上亲密拥抱。

4. 餐桌饮食

意大利人精于烹饪色香味俱全的菜品，甚至菜式和味道可媲美法国大餐，也特别惊叹中国菜的精致美味。意大利人大多爱喝酒，女性也是，他们常备有啤酒、白兰地等，尤其钟爱葡萄酒。意大利人招待宾客，一般选在饭馆，有时候也在家里，准备的是茶少酒多，有重要的宴请时，酒的数量和菜品一样多。

5. 婚丧礼仪

在意大利，天主教信徒的婚礼大都在教堂举行，由教父主持婚礼。不过个别地区也沿袭着传统的求爱礼节，比如：在西西里，男生一般请上几个自己的朋友安静地坐在女生窗下，慵懒地弹着吉他，唱着情歌。

6. 旅游礼仪

意大利的最佳旅游时间是 2 ~5 月和 9 ~11 月。在这里旅行时买东西，你会感觉到这里顾客就是顾客，不是“上帝”，一样平等。意大利人喜欢孩子，在这里你经常能看到一些小孩儿在餐厅或者公园跑来跑去，甚至玩闹着，不要对小孩有微词，不然大人会觉得你很讨厌。

礼仪之南非篇

到南非旅游，要遵守以下一些礼仪：

1. 见面礼节

南非的社交礼仪和他们的人口组成有着密切关系，由于黑人和白人的种族不同、信仰的宗教不同，所以风俗礼仪也差别很大。但在官方礼仪上，英式礼仪占主导地位。

当前，南非人见面采用的还是握手礼，同时以“先生”、“小姐”和“夫人”这样的称谓称呼对方。但在经济不发达的黑人部落里，见面打招呼的方式还是很特别的。当地居民会把自己家的孔雀毛或鸵鸟毛赠给贵宾，作为客人，不仅要郑重地接受，而且要插在自己的帽子或头发上，因为这些羽毛对他们来说是很珍贵的。

2. 服装服饰

南非人在商务社交场合以及官方会谈时，衣着都会很正式，而且多选择深色的套装，款式也很保守，如果穿得太张扬，对方会认为你很失礼。一般在南非繁华的城市里，人们都是西化的穿着。庄重一些的正式场合中，南非人也讲究按一定规矩选择穿着。但多数南非黑人日常穿本民族服装的时候比较多，而且不同部落的黑人，都会有各自的着装特色。

3. 餐饮风俗

在南非，无论是白人还是黑人，牛肉都是他们最喜爱的食物。此外，白人较喜欢鸡肉、鸡蛋和面包，闲暇喜欢喝红茶和咖啡；黑人则喜欢羊肉、玉米、豆类和薯类。南非黑人在招待客人的时候，会奉上自家酿制的啤酒，或者刚挤出的牛奶或羊奶，客人接过之后最好一饮而尽，表示感谢。与白人不同，南非黑人都喜欢吃熟食。

如宝茶是南非人喜欢的饮料，它深受英国人和美国人的喜爱，因此外销量很大。

4. 风俗禁忌

大部分南非人都信仰基督教，所以“13”和“星期五”都是他们忌讳的；而南非黑人对自己的祖先非常敬重，任何外族人都不能做出辱没他们祖先的言行。

在南非与人交谈时，最好不要谈论以下四个话题：评论和称赞白人、讨论黑人部落或派系之间的矛盾、非议黑人的传统习俗、祝贺对方生男孩。

礼仪之德国篇

德国人总给人一丝不苟的印象，他们在待人接物上也是这样吗？了解德国的风俗，可以帮助你深入地了解德国人，这样，和他们在一起生活、学习或工作的时候，就不会闹出笑话，更不会让人觉得你不懂礼貌。那么我们入了德国的乡，该怎么随好人家的俗呢？

1. 遵守纪律

德国人的生活是很有规则和纪律的，做任何事都会以认真的态度面对。他们会严格遵守一切明文规定的法则，禁止的事情绝不会做。有些人觉得他们太“死板”，没有灵活性，但“无规矩不成方圆”，正是因为德国人总在一丝不苟地认真态度下工作，才创造了自己强大的工业帝国。

2. 干净整洁

干净整洁是德国人又一大特点。他们不仅注重个人卫生，也十分注重保持环境的整洁。德国的街道、公园、剧场，每个角落永远都是干干净净、整整齐齐，他们离开时不会留下任何痕迹。

德国人对穿着也十分严谨，什么场合就要穿什么样的衣服：在办公室就穿工作服；在家就穿便服；外出就穿得整洁干净；听音乐会就要穿正式的礼服。所以你看德国男人穿着西装领结，德国女人穿着长裙礼服，很可能他们要去戏院或是宴会。

3. 时间观念

德国人的时间观念是世界闻名的，很多人都戏称他们是“走在钟表上的德国人”。说得一点也没错，德国人约定好的时间，绝不会轻易更改。他们不仅不会迟到，更不会早到，因为他们认为，到太早也会给他人带来困扰。如果德国人应邀做客，一定会一分不差地到达，如果真的有特殊原因，不能准时到，他们也会真诚地道歉，请求主人原谅。

4. 喜欢清静

清净、安宁的生活是大多数德国人喜欢的，除非必要的聚会等，他们多数时间是不喜欢喧闹的。当你认识了更多的德国人，就会发现，他们多数在城里上班，家却在几十公里外的小镇或是乡村。没错，对于德国人来说，工作是工作，生活就必须要安安静静。而且你的任何家庭活动都不能吵到邻居，办聚会也要邻居同意，并且不能太大声，不然你的邻居有可能会报警。另外，20：00～8：00，像演奏乐器这样造出很大声响的行为，也是让人讨厌的。

5. 待人真诚

德国人在社交方面比较干脆，有那么点直性子。请他们办事，如果力所能及他们一定会答应，并且尽快办妥，如果确实办不到，也会明确表示抱歉，绝不会给你一个模棱两可的回答。所以和德国人交往不会那么麻烦，不过，他们办事的效率还是跟人际关系有联系的。

6. 讲究礼貌

德国人和很多西方人一样，礼仪是日常必不可少的。他们在任何场所，都要向对面遇见的人打招呼，尽管两人根本不认识。即使就餐时，看见邻座的客人，也要点头示意一下，所谓“礼多人不怪”嘛。

德国人在和朋友见面以及分别时都要行握手礼，许久未见的朋友可以相互拥抱。但有一点要注意，德国人习惯用左手握手，贵宾也是坐在左侧。在正式场合里，男士也可以向女士行吻手礼，当然意思一下即可。德国人对亲近的人直接用名字或“你”，但对外人则会用“您”，或在姓氏之前加上“先生”、“女士”。一般女性都可以称其“女士”，但已婚妇女要称其夫姓。

在德国，送礼物也被看作是一种礼仪。客人到主人家做客，都要带一些礼物。很多时候是葡萄酒或者一束鲜花，也有人会带书或画册。德国人在迎接远途而来的客人、探望卧病在床的病人时也都要送鲜花，但不宜送郁金香，因为德国人认为那是“无情之花”。他人结婚、过生日或过节时，可送贺礼也可寄送贺卡，但都以实用为主，价格无足轻重。礼物用普通的礼品纸就好，收到礼物的人最好当场打开。

在德国“女士优先”原则同样适用。进出门口、乘坐电梯、上下车等，男士都会礼让女士，他们还会主动帮女士拉开座位、挂外套、开车门等。女士也不必不好意思，说声“谢谢”即可。德国人很重视个人隐私，不会询问对方年龄、收入等，也不会随便拿人开玩笑。在就餐时，跟人交谈不会隔着餐桌或者大老远地说话，他们会照顾到其他人的情绪。

礼仪之澳大利亚篇

随着越来越多的华人移民澳大利亚，这里更像是第二个中国，不少人感觉除了外国人多一些，澳大利亚是个十分亲切的国家。在澳大利亚，当地人和游客都能非常友好地相处，他们热情好客，不少到澳洲旅游的国人都会有回到家的感觉。那么澳大利亚人在日常生活中，又是怎样的呢？有哪些礼仪是我们应该注意的呢？

1. 见面礼节

澳大利亚人在见面时会主动和对方握手，不过有时两个女子见面，会互相行亲吻礼。

在澳大利亚称呼熟人，可以用小名或昵称，陌生人可以称呼姓氏，再冠以尊称，比如："先生"、"小姐"。

2. 穿着服饰

牛仔服是澳大利亚人喜欢的服装，认为这是最方便的，与其相配的还有夹克衫、T恤等，在一般场合里，穿普通便服就行，不必穿得太过正式，也无须浓妆艳抹。

澳大利亚地处低纬度，日光强烈，因此棒球帽也是人们外出时不可不带的一件装备。

正式着装一定要在正式场合穿，诸如婚礼、庆典、宴会和各类仪式上。

男士着深色西装配黑色领结，女士穿礼服裙。不过在社交场合，女士应该在礼服外穿西装上衣。

澳大利亚当地还居住着一部分土著居民，他们往往不穿衣服、赤身裸体，最多也只在腰间系上一条围布，或者将布披在身上。土著人虽然衣着简单，但装饰十分丰富多彩，他们会在身上画上不同的图案，还会戴项圈、臂环、鼻针和额箍。

3. 风土人情

在当地政府的倡导下，澳大利亚几乎每座城市都是非常现代化的花园城市，植物景观覆盖率很高。但当地土著人不喜欢新式住宅，他们宁愿放着政府提供的房子不住，也要继续住在脏乱的小木屋里。土著人在庆祝节日时，会在身上添涂各种不同的颜色，把自己打扮得五彩斑斓。

4. 赠送礼物

酒、鲜花和巧克力是澳大利亚人平时常送的礼物。他们不会对礼物有太高要求，但送酒时，品类的选择比较讲究，假如你穿着西装革履，带了一瓶威士忌，去参加一个家庭派对，无疑会让主人很惶恐。

所以，参加聚会之前，最好先问清楚聚会的类型，再想想你需要做什么准备。有些家庭聚会是主宾一起准备的，每个宾客都会带不同的食物或器皿到场。

如果主人告诉你不用作任何准备，也要了解到主人的偏好，啤酒、葡萄酒还是啤酒？

5. 尊敬长辈

澳大利亚人从小就对长辈十分尊重，但也并非像许多亚洲国家那样，多采用正式的方式。他们在公交车上会让座给老人，走在路上同样会帮年纪大的熟人提包，但澳大利亚人的公文包不会交给他人来提。

6. 人际交往

澳大利亚人在看待人际关系时，不会像中国人这么敏感，异性一起看电影、逛街、听音乐会，不会让人以为他们一定是情侣。澳大利亚人外出游玩时，一般都会邀请很多朋友一起出去。如果遇到让自己为难的事情，也不必勉强自己，你提出拒绝，别人也会尊重你的意见。

7. 日常习惯

付小费这种行为在澳大利亚并不流行，但你如果获得了额外服务，小费是可以少付一些的。澳大利亚人不喜欢讨价还价，所以到商店里买东西最好不要砍价。

交通安全问题在澳大利亚很被重视，如果你坐车不系安全带，或是没有给小孩系安全带，都是违法的。在澳大利亚，大部分酒店内线都是“9”，外线是“0”。

8. 餐桌饮食

澳大利亚人的餐桌上，从来都是以丰盛和量大著称，他们对动物蛋白有很大的需求，所以少不了牛羊鸡鸭这些肉食，有时还加一些蛋类和野味。澳大利亚人的口味清淡，不吃辣，但他们很注重菜式花样，所以对中国菜十分感兴趣。

除此之外，澳大利亚人也偏爱海味，炸大虾、奶油烤鱼、什锦拼盘，他们常吃的还有煎蛋、炒蛋、烤西红柿等。澳大利亚人喜欢喝牛奶、啤酒和咖啡。

9. 商务习惯

要进行商务活动，最好在 3～11 月到澳大利亚进行。平等观念在澳大利亚人心中是根深蒂固的，所以命令式的强硬口吻在澳大利亚人面前是行不通的。不仅如此，澳大利亚人公私分得很开，请客吃饭和生意是两码事，谈生意只能到谈判桌上进行。

10. 婚丧习俗

澳大利亚人在正式结婚前都要先订婚，婚礼仪式后常要举行宴会，宴会请客的通常是女方家长。在澳大利亚，一个人去世后，牧师会在教堂里主持举办追思礼，如果死者是男性，他们的遗孀要在整个葬礼中保持沉默。由于澳大利亚在南半球，所以他们的圣诞节和元旦没有大雪和寒冬，有的是火热的夏季艳阳。

11. 禁忌内容

澳大利亚人不喜欢兔子，觉得兔子不吉利，谁看到它都会倒霉。旅行和体育是他们比较喜欢的话题。在社交场合，男人们要含蓄，他们通常不会和你拥抱或是抱肩。在公共场合打哈欠、伸懒腰也是澳大利亚人忌讳的。

礼仪之新西兰篇

在新西兰境内，有很多民族共同居住，其中最多的是英国移民的后裔。因此，英式礼仪是主流的社交礼仪。

1. 见面礼节

握手礼是新西兰人接见客人时使用的礼仪，通常男士要等女士伸出手后方可伸手。遇到尊长，新西兰人会抬头挺胸，再行鞠躬礼；在路上偶遇他人，无论是否相熟，都会微笑行注目礼，并且问对方好；初次见面时，会用姓氏加上“先生”、“夫人”这样的尊称，熟人的话，直呼其名就好。新西兰人在男女交往中，很注重礼貌。

新西兰人非常崇尚平等，上级面对下级也不会摆架子，而且十分诚恳；平民如果有意见要申诉，可以直接到政府部门要求官员接见。因此还要特别注意一点：新西兰人不会在意直呼其名，但他们对称呼官衔很反感。在新西兰，不管从事什么职业，每个人都会引以为荣。

2. 拜访礼节

新西兰人要拜访别人一般都会提前预约，然后按照约定的时间准时赴约，也可以提前几分钟，以示对主人的尊重。贸然到人家里做客，主人有权不接待。新西兰人喜欢谈论天气、政治和旅游，橄榄球和板球也是他们喜欢的话题，宗教、种族、个人私事这样敏感的话题要避免。

客人到主人家里，一般都要带一些不太昂贵的礼物，比如：鲜花可以送给女主人；巧克力和威士忌可送给男主人。

在家庭宴会上，切勿询问和谈论个人收入、子女等家居生活问题，除非主人主动地告诉你，不过多数情况下是不可能的，即便你很想知道，也不能问。

3. 餐桌饮食

因为新西兰国民大部分是英国后裔，他们的饮食习惯也就与英国人差不多。口味比较清淡，喜欢动物蛋白，比如：牛、羊、鸡、鱼，都会经常被端上餐桌。对于中国的江浙菜、北方菜都有很浓的兴趣。

新西兰人用餐时习惯左叉右刀，吃饭时比较安静，而且不喜欢说话。

新西兰人对啤酒的消费量巨大，每年一个人就能消费 110 公升的啤酒。因为国家限制，新西兰的餐馆很少提供烈性酒，有只卖葡萄酒的，也有专卖烈性酒的，但这些餐馆提供的量也仅仅是配正餐食用的一小杯。除了食用瘦肉，新西兰人喜欢搭配浓汤。

受到英式风俗习惯的影响，红茶是新西兰人日常不可或缺的饮料，每天从早到晚至少要喝 7 次。卖茶叶的店铺和茶馆随处可见，就连机关、工矿企业和学校都为员工和学生们留有专门的用茶时间。

4. 着装服饰

新西兰人的穿衣风格同欧陆人民一样，讲究材质，偏爱舒适，并且要因场合而异，处处体现庄重。普通的场合会穿得比较随意、简便，在正式场合，男士会穿深色西装，女士会穿晚礼服。在高尔夫球场，女士通常穿的都是裙子。

女士在参加社交应酬时，不但要盛装出席，而且必须化妆。因为在新西兰女士们看来，化过妆再参加社交活动，是必须具备的礼貌和修养。至于假期外出，人们会穿得很随意。

5. 旅游习惯

因为地处南半球，新西兰的季节与我国正好相反，新西兰的冬天在 5 月到来，而到了 11 月夏季到来。新西兰全年都会有降雨，没有明显的干湿季节，到新西兰旅游一定不能忘记带伞。一般来说，游客到来之前，把各个季节薄厚不同的服装准备齐全更好。

新西兰的铁路交通十分发达，可以开往全国各地，所有火车只有卧铺和餐车两种。公用电话分布在各个街道上，每拨打一次需要 10 分，先投钱再打电话。在新西兰接受服务不需要给小费，也不用付附加服务费给餐馆或酒店的服务生。新西兰的旅行宾馆规格很多，从星级酒店到普通旅店，还有汽车旅馆和家庭旅舍也可以选择。

新西兰的旅游旺季游客会很多，提早预订房间是很必要的。新西兰人有很多行为习惯和英国人是很像的：不能当众嚼口香糖、不能当众剔牙、打哈欠要捂嘴、讨厌对他人大声喊叫、装腔作势等。特别要注意的是，新西兰禁止旅客携带动植物和水果入境，带了就如实申报，不然会带来很多麻烦。

6. 商务会谈

平等观念在新西兰人心目中很重要，因此他们在商业活动中也讲求交易平等，而且他们讨厌按等级划分人。正因为平等的观念深入人心，所以新西兰人做买卖从不讨价还价，价格定了就不能再变，如果双方谈到品质要求、付款条件、交货日期这一步，基本上生意就做成了。谈生意前，赠送礼物无伤大雅，但未必能达到预想的效果。如果生意谈成了，可以宴请合作伙伴，这种表示谢意的方式对方是很喜欢的。

新西兰人的商界气息比较刻板，谈生意都会穿得比较传统和保守；到他们的公司或机关拜访，需要提前预约。新西兰一般很少进口商品，除非是他们自己无法生产的。新西兰人多数都喜欢板球，了解点板球知识有助于拉近彼此距离。

7. 风土人情

新西兰人的假期是非常休闲的，他们会利用这段时间充分享受生活。周末的新西兰公路上总是挤满了私家车，海湾里停满了准备出海的私家游艇。即使不出门，大多数新西兰人也不会闲着，整理花园是他们在家常做的事。

新西兰时常发生地震，因此房屋都是木结构的别墅式住宅，安全性相对较高。一般人家里的生活设施，比如：沙发、电器、汽车都是分期付款买来的。在新西兰，人们很重视废物处理，每家每户都会将垃圾分类，每周都会有特定的一天整体收集，绝不允许乱丢垃圾。

在新西兰，各种俱乐部是人们娱乐的场所，而且会有许多稀奇古怪的主题。比如："收藏者俱乐部"、"素食者俱乐部"、"理性者俱乐部"，甚至还有"汤匙者俱乐部"！在新西兰人看来，组织俱乐部已经不仅是兴趣爱好，它还是一种让人充满荣誉感的神圣事业。

新西兰还有很多有趣的习惯，比如：奥克兰地区的电话盘，数字是反过来排放的，数字"9"被放在"1"原来的位置上。计程车和公共汽车是新西兰城区的主要交通工具。计程车比较适合商务出差和旅游观光，司机们一般都很亲切，也不会跟你要小费。在旅馆、餐馆消费也不必付税金。

8. 民族禁忌

新西兰人多数信奉基督教和天主教，所以他们讨厌数字“13”和“星期五”。如果恰好让这两个“灾星”碰到了一天，那么新西兰人在这天就什么都干不好了。

新西兰人对待事情还坚持“不干涉主义”，包括对方的宗教信仰、政治立场和职务级别等，一般新西兰人是不会主动过问的。尤其要注意：新西兰人很反感将他们划分到澳大利亚，也不要在他们面前谈论其他国家的种族问题。

新西兰人很忌讳居住和建造像国内这种非常密集的住宅。在异性交往问题上，新西兰人很拘谨和保守，有很多清规戒律，所以你很少会看到男女混合在一起参加活动，例如电影院都会分男场和女场。

新西兰民间认为，新西兰是由“勤奋的牧羊犬”创造的，所以他们很敬重和喜爱狗，将它们作为忠实的朋友。因此，切忌跟新西兰人谈论狗肉的问题，否则对方会勃然大怒的。

礼仪之英国篇

英国人的绅士社交早已享誉世界，到英国旅游，要遵守以下一些礼仪。

1. 接受礼物

在中国，我们收到礼物虽然特别开心，但一般不会当着送礼人的面拆开，而是感谢一下放起来，私下拆开。在英国却是相反的，他们都是当面拆开礼物，向送礼人表示感谢，对方才会感到受尊敬。

2. 大方接受赞美

当你赞美一个英国人时会发现，他们不会有中国人的含蓄和不好意思，而是欣然接受并感谢对方，因为当面称赞对他们来说是最好的尊重和鼓舞。

3. 职业地位平等

在英国人眼里，职位的级别不分高低，工作的性质不论贵贱，这是自己的选择，应该被别人尊重，只要是自己喜欢的就够了。假如你碰到一个名牌大学生在干一份送外卖的工作，你会怎么看？认为他的才华干这个是浪费了吗？请一定不要当面表露这个意思，不然他们会以为你轻视他们，引起不愉快。

4. 请尊重“老”绅士

与中国的传统观念相反，英国人不愿意被认为老，尤其不要对他的年龄有所暗示，他们不乐于接受你的敬老和礼让，不然会感到不受尊重。

5. 着装服饰

英国人出了名的讲究服饰穿搭，在社交场合中的装扮相当绅士和淑女。尤其燕尾服最具绅士之风，女性多穿优雅的裙装。黑色是英国服饰的首选颜色，显得端庄、稳重。

6. 言语社交

英国人通常给人以严肃自律的印象，但其实他们特别风趣，不过在打趣的时候，可能还是显得严肃。他们也会拿自己开涮解闷，但不会把自己的开心建立在别人的痛苦上。

英国人的思想比较简单直接，谈话一般都直接切入主题，绝不会闪烁其词，他们说不的时候，就是拒绝、不同意的意思，而不是想和你来回计较。

像大多数其他国家一样，英国人也特别注重个人的隐私，婚恋状况、工资收入、家庭情况等都不宜问。

7. 交通礼仪

在英国，车辆的行驶规则是在马路左边开车；乘扶梯时要站在右侧，左侧空出留给别人通过。尽管这些规则有点乱，可是看左右过马路绝对没问题的。英国出租车会收乘客10%的小费。

8. 宴客礼仪

英国人一般以茶会或宴会招待宾客。主人在宴客时，不会主动帮你倒酒夹菜什么的，一切凭宾客的爱好取用。宾客最好把自己取用的酒菜吃光，既不浪费又显礼貌，不会喝酒的人不用出言拒绝侍者，可以用手把杯口挡一下。宾客告别时可互相握手，或者点头致意。

英国视邀请对方用餐或看电影为送礼，他们不觉得这是普通的交际礼仪。

9. 商务礼仪

英国商人的度假集中在七八月，因此如果有拜访英国客户的行程，最好避开这段时间，另外，他们在圣诞节、复活节也不工作。不要送英国人过于贵重的礼物，以免有行贿之嫌。与英国人有会议，一定要准时到达，迟到不礼貌，早去也不好。部分英国人办事严谨刚正，很少为情感打动，他们讨厌大言不惭、大吹大擂的人，认为这样的人没有教养。

10. 日常禁忌

不要插队。英国人厌恶插队的行为，认为这是缺乏教养的表现，哪怕只有几个人在排队，他们也会有秩序地等待。

不要还价。英国人避讳在购买或出售时讨价还价，他们感觉这很丢脸，不绅士。

“13”和星期五是英国人避讳的数字日期，如果碰到这两个数字相叠，他们更加小心，哪怕整天待在家里都行。

英国也很注重个人隐私，不能询问他们关于工资、年龄、政治等问题。四人交叉式握手、点烟连点三人都是他们的禁忌。

礼仪之埃及篇

到埃及旅游，要注意这样一些事项。

1. 饮食习惯

埃及这一闻名世界的古国，饮食有许多讲究，埃及的伊斯兰教信徒，在斋月里白天禁食，忌食带汁和不熟的菜；吃饭时不说话，喝汤时不能出声音，不能吐出已经入口的食物，不能用左手拿食物等。

埃及人的婚礼喜欢大排场，在邀名单上的亲朋好友会来，平时没有太多来往的人也会被盛情招待。饮食顺序是：先吃巧克力、水果，再诵读经书，然后吃主食和肉，最后是饭后甜点。埃及人的宴客习惯也是热情地劝宾客多吃，不要拘束，会精心准备很多菜品，即使吃不完，主人也特别高兴，他们相当热情好客。

2. 亲吻

埃及人对亲吻有其特别称呼："布斯"。除恋人和夫妻外，外人之间是不能嘴对嘴接吻的。这里禁止在公共场所亲吻，因此若爱人有事出门，在外送别或迎接时，丈夫只可以亲吻妻子的脸颊。埃及人有时也会"吹吻"，即张开手掌，嘴对着掌心吹一口气，然后把"吹吻"送给远处的人看。

除此，还有开心的吻，比如：孩子考试取得优异的成绩，父母会一边拥抱孩子并夸赞他们，一边亲吻孩子的脸庞。吻手背是表示尊敬的亲吻，比如：地位低者对地位高者，幼者对长者，都可以行手背吻。

3. 见面礼节

在埃及，不熟的朋友相见，会先向对方问候："和平降于你"，意思是"你好"。若是长久没见的朋友相遇，会贴面拥抱，就是右手放在对方的左肩，左手放在对方的腰，左右依次贴面几次，同时送出自己的真诚问候。

埃及人如果去拜会亲友，主人会热情地问候你："你遇到的是亲人，你走的是平原，欢迎你"。或者说："爱赫兰！爱赫兰！"女士互相之间行温柔的贴面礼，通常是右边贴一次，再左边贴一次。

异性亲戚间可以行贴面礼，但异性朋友间不可以，只能是寻常的握手礼，男士要等女士先伸手而握，且不能坐着握手，但女士不作要求，异性间也可不行握手礼，只点头问候。忌交叉握手，即十字形站立而握。

埃及人好客，甚至也喜欢被外国人拜访，且以此为骄傲，但禁止异性间的拜访，同学同事都不可以，哪怕是埃及人。稍微富裕的埃及人家里是有客厅的，卧室不允许他人进入。

拜访时若有老人在场，请热情地与其交谈，和埃及人聊天的话题非常丰富有趣，等聊完一个话题时间差不多了，就可以起身辞别了，主人送别时会说“一路平安”或“再见”。

4. 左手不洁

埃及人在卫生间和做脏活都是用左手，因此他们认为左手是不干净的，而右手是吉利的，因而都用右手右脚做事情，比如：用右手来握手、点餐、递物品，穿衣穿鞋也是从右边开始，进门先迈右脚。他们认为肮脏的左手和人握手、吃饭、递物品都是非常失礼的。

5. 穿着禁忌

埃及女性的穿着较保守，因为女性的私处是不能被外人看见的，同性也不可以，所以这里禁止女性穿着过分暴露的衣服，连婴儿都有所遮盖，当然也不设立公共浴池。

埃及当地女性不能穿露肩露背装、短裙等，男性也不会穿背心短裤。虽然埃及人对外国人的穿着是理解的，可有一点要注意，清真寺严禁穿着背心短裤短裙者入内。

6. 不要打哈欠

埃及人认为打哈欠是有魔鬼到来，因此他们讨厌打哈欠，如果面对他们时，你实在控制不住，请转过身并捂嘴打哈欠同时说声“对不起”。

埃及人打哈欠时如果没有他人在场，会急忙说：“请真主宽恕。”如果有他人在场时，会说：“我做证：一切非主，唯有真主。”然后身旁的人回应道：“真主怜爱你”，他再说：“真主宽恕我和大家。”

7. 颜色喜好

对于颜色通常埃及人喜欢绿色、白色，而讨厌黑色、蓝色。他们在说话时也会用色彩表示，比如：美妙的一天就叫“白色的一天”或“绿色的一天”，难过的一天，就叫“黑色的一天”或“蓝色的一天”。

称真实坦诚的人为“白心”，而称狡诈、阴险、阴暗的人为“黑心”。黑色用于埃及的丧礼，但位分尊贵的人或老人偏爱黑色、褐色等深色类衣服，以示稳重和威严。

8. 着装服饰

在埃及农村，人们大多穿阿拉伯大袍，城市里的贫民也有很多人穿大袍，因为阿拉伯大袍是埃及的传统服饰，由来已久。随着文明的发展和国际间的交流借鉴，埃及开始接受西方服装。当地妇女多佩戴首饰等装饰品，偏远地方的妇女外出还会以纱蒙脸。

9. 举止仪态

埃及人习惯近距离交谈，他们会温和目视对方但不会直勾勾地盯人。他们反感以手指招呼别人。去往清真寺，他们保持衣服清洁整齐，言行举止都很规矩，目光虔诚。

10. 餐桌饮食

埃及人以米饭、面食等为主食，荤菜偏好牛羊肉，蔬菜多食黄瓜、洋葱等。用餐前要说：以大慈大悲真主的名义。埃及人宴客时热情好客，准备丰盛精致的菜品，主人会劝宾客多吃点。

11. 交通旅游

埃及的首都在开罗，这里的地铁干净、安全，第一节车厢专为女性乘坐。在开罗叫出租车时请问好价格再上车，因为出租车收费不用计价器。这里的公交车较拥挤，甚至行驶时都不关门。

12. 商务会晤

约见上级人员或拜访朋友要提前预约，以免时间有冲突或者主人不在。如果有特殊原因没有预约就来了，埃及人并不会介意，依旧热情好客，微笑地欢迎你。

商务约见进行在办公室。埃及的商务会见体现出略微的疏离感，被拜访的人可能会边和你交谈边办公，甚至被中途递送的文件或者电话打断，你就像被冷落了似的。不过次数多了，也就渐渐习惯了。

英语是埃及商务活动的官方用语。如果你准备去拜访埃及的客户，建议时间选择 10 月到第二年的 4 月，还有当地以本周六到下周四为工作日，周五是伊斯兰教的休息日。

13. 民族禁忌

埃及人在色彩上喜好白色、绿色，数字喜欢“3、5、7、9”，不喜欢黑色、黄色和数字“13”。伊斯兰教的日历和公历不同，因此斋月时间也在变化着。斋月期间不允许吃、喝、玩、乐、抽烟这些娱乐活动。

14. 小费国家

埃及是小费制国家之一，通常金额不大。出租车收车费的 10%；行李员按件收 50 皮阿斯特；娱乐场所侍者收账单的 10%；个别小服务收 30 皮阿斯特。

礼仪之瑞典篇

到瑞典旅游，要注意以下几个方面：

1. 社交仪态

瑞典人会客时，会与客人间隔约 1.2 米，他们不适应近距离交谈，交流时会目视对方，这是一种尊重他人的表现。

2. 见面礼节

在瑞典，熟人见面会热情地向对方问候致意。会见外国客人一般行握手礼或接吻礼，通常，陌生人之间见面要自我介绍，介绍的次序是把男士介绍给女士，晚辈介绍给长辈。

3. 商务会晤

瑞典人个性沉稳慎重，做事极有计划性，重视国际交往礼节。去瑞典会见客户的最佳时间是 2 ~ 5 月和 9 ~ 11 月，因为夏季偏短，冬季偏长。人们都愿意在七八月休假旅游，因此这个时间不适合约见瑞典客户商谈。

4. 交通旅游

瑞典人享受清净雅致的环境。他们自觉遵守并维护交通规则，红灯亮着时，哪怕路上并没有车辆行驶他们也会耐心等待绿灯。瑞典对于乘车，另收行李费和小费，行李费依包裹体积收，小费一般收费用的 10% ~50% 。

礼仪之俄罗斯篇

俄罗斯旅游，该注意哪些事项呢？

1. 社交礼节

俄罗斯人的社交一向蕴含着热烈、奔放、大胆、诚实。在社交中，俄罗斯人习惯与初见者握手，与阔别重逢的朋友会亲密拥抱。

俄罗斯人在宴客时，竟然将“面包和盐”献给宾客，这是对来宾的一种优渥待遇，以显重视，宾客一定要乐于接受。

在重要场合，俄罗斯人会以“先生”、“小姐”、“夫人”称呼对方。他们也很在意别人对他们的称呼，所以对有职衔的人，要称呼其职衔。

俄罗斯姓名由三个部分组成，按照这里的习惯，如果要称呼他们，可以依据彼此的亲疏关系来定。若是与初见者会晤或者在比较正式的场合，可以直接称呼他们的全名。

2. 衣着服饰

俄罗斯人大多对仪容考究，重视衣饰装扮。在民间，已婚女性要戴白色头巾；未婚女性不用戴头巾，要戴帽子。城市里的男士一般穿西装，女士穿套裙或连衣裙。

拜会俄罗斯人家时，进门后要脱了衣服，摘了手套、围巾、墨镜等，以示礼貌。

3. 餐桌饮食

俄罗斯人的饮食并不精致，相对还粗糙些，喜欢足量的、口味重的。他们嗜好酸、辣、咸的口味，喜欢炸、煎、烤、炒的做法，而且还喜欢吃冷菜。

通常来讲，俄罗斯的主食是面食，尤其喜欢黑面包。除此之外，俄罗斯闻名世界的特产还有鱼子酱、酸牛奶等。他们吃水果没有削皮的习惯。

在喝的方面，他们超爱冷饮。最爱喝伏特加，这也是他们国家的特色，俄罗斯人也爱喝格瓦斯。

刀叉是俄罗斯的常用餐具。就餐时，他们尽量避免发出声音，也不可以拿勺子喝茶，或者把勺子直放在杯里。他们用盘子吃饭，不用碗。

被俄罗斯人邀请去宴会时，要对他们准备的菜品夸赞，最好多吃点，他们不以语言表达吃饱，而是把手放到喉咙那里表示饱了的意思。

4. 风俗禁忌

“太阳花”向日葵是俄罗斯人最喜爱的花，寓意积极和光明，也是俄罗斯的国花。送花给女性时，数量最好是单数。

俄罗斯人的偏爱数字是“7 ”，有“胜利，美好”的意思，避讳“13”和“星期五”。

盐和马是俄罗斯人特别尊崇的两样事物。

在俄罗斯人看来，左边寓意凶兆，所以，他们不会用左手触碰他人或递物。

俄罗斯的男性在女性面前很讲求绅士范。一切“女士优先”，维护女性。不尊重妇女，去哪里都会被诟病。

不能和俄罗斯人谈论有关政治倾向、经济难题、民族矛盾等话题。

5. 举止仪态

俄罗斯人在注意仪容和言行举止方面很有教养。在交际中，他们很注重举止的文明，身姿端正，从来不会蹲着或坐在地上等人，也不会做出剔牙、挖鼻孔这些不优雅行为。

6. 相见礼节

俄罗斯人的名字由三部分组成，在交往中，普通行握手礼，握手要摘掉手套，身体直立，站在对方一步远的地方。如果多人同时握手，忌讳交叉式握手。在盛大的场合，男士会对女士行亲吻礼，弯腰轻吻女士的右手背。

7. 商务会谈

如果你有拜访俄罗斯客户的行程，请避开4～6月这段时间和节假日，这个时间他们在度假或者休息中。

一般来说，俄罗斯商人与初见者不会交换名片。进入会客室，不要没等对方招呼就坐下，这是不礼貌的表现。吸烟要得到主人的许可，但如果是主人亲自敬烟，就又另作别论了。

8. 交通旅游

俄罗斯的交通非常便利快捷，出租车很容易就招手而来。住宿按要求进行登记和查验证件。几乎所有公共地区都有电话，特别方便。在俄罗斯，住宿或乘出租车，需要给小费，一般是费用的10%～15%。

9. 餐饮习惯

俄罗斯人比较看重餐桌的设计和排列，以求美观艺术，而且觉得用餐时会心情愉悦。部分俄罗斯人每天吃两餐，也有些城市人是一日吃三餐，他们更为看重早餐和午餐的重要性，晚餐就比较简单随意了。俄罗斯人来中国旅游比较喜欢川菜、粤菜、北京烤鸭等。

参考文献

［1］章岩：《礼尚往来》，贵州人民出版社，2015 年版。

［2］薛巍：《薛巍说高端商务礼仪》，鹭江出版社，2015 年版。

［3］丁勇、焦龙梅：《职场礼仪全修炼》，中国中医药出版社，2015 年版。

［4］杨路：《高端商务礼仪：56 个细节决定商务成败》，北京联合出版公司，2013 年版。

［5］张然：《优雅女人的第一本礼仪书》，中国商业出版社，2013 年版。

［6］金韩丽：《女人优雅一生的社交礼仪课》，黑龙江科学技术出版社，2012 年版。

［7］陈乾文：《别说你懂职场礼仪》，龙门书局出版，2010 年版。

后　记

礼仪，是一个人行为规范的准则，读完这本书，或许你已经对自己应该具备的礼仪规则有了初步的了解；同时，你也可能已经知道自己在某些方面的不足。这时候，就要进行有效的实践和改进了。

任何一种思想的形成，都是为了指导行为。仅仅阅读这本书，只能让你我提高认识，却不足以让自己的行为得到有效改善。只有在具体的生活和工作中参照此书提到的礼仪完善自己，才是本书的目的，也真正实现了读此书的目的。

在行文的最后，提醒各位读者：

首先，文中提到的礼仪规则和方法都是笔者多年的总结，虽然简单，但是实用，只要你一一实践，便可以让自己的行为规范获得巨大的提升。可是，任何一种行为习惯的养成，都不是一朝一夕的，因此一定要长期坚持。

其次，良好礼仪规范的养成，是好行为与坏行为相互较量的过程。在你完善自己行为的过程中，可能旧有的一些行为习惯都会时不时地冒出来影响你，这时要坚定信念，不能被旧有的习惯打败。

再次，本书虽然介绍了一些比较典型的礼仪规则，可是仅此一本书不足以囊括所有的规范准则，因此，如果遇到了本书之外的问题或者想了解更多的礼仪规范，完全可以多找一些资料来阅读。当然，也可以直接和笔者取得联系，咱们一起探讨。

最后，在此书编写过程中，很多专家和老师都给予笔者大力的支持，谨以此表示特别的感谢！